RECIBE EL

INSTANTE

CDMX · CLAUDIA CANTÚ · 2022

N O TA 1

Cada libro de Palabra Movimiento despliega un lenguaje inclusivo de manera que los textos resuenen con el alma de cada persona. Es por eso que utilizaxmos la "X" para que cada quien elija cómo quiere pronunciar las palabras. Por ejemplo: Cuando decimos todxs, puede leerse como todas, todos o todes. Cada persona elige. Los textos incluyentes son dinámicos y flexibles, responden a la realidad de cada ser.

Así mismo, en el libro se menciona la palabra Dios sin hacer referencia a ninguna religión. Te invitamos a que conectes con ese poder superior como sea que tú lo concibas. También se mencionan a lxs maestrxs ascendidxs, como Jesús, haciendo alusión a las enseñanzas como filosofía de vida, no como dogma religioso.

Deseamos que este libro, como todos los libros de Palabra Movimiento, sea(n) una gran herramienta para tu camino.

PARA MIS HIJXS, QUE ME HAN ENSEÑADO

LA SABIDURÍA DE AMAR.

PARA MI MAMÁ Y MI PAPÁ, QUE ME DIERON EL REGALO MÁS GRANDE: LA VIDA.

PARA ERA ANTILÓ, QUE ME ENSEÑÓ LA SABIDURÍA DE ESCRIBIR.

Y PARA TODAS LAS MADRES, PADRES Y SERES, QUE ESTÁN CREANDO Y MULTIPLICANDO LA VIDA, CELEBRO SU VALENTÍA PUES A NADIE LE TOCA LX HIJX QUE QUIERE SINO LX QUE ES PERFECTX PARA CADA QUIEN.

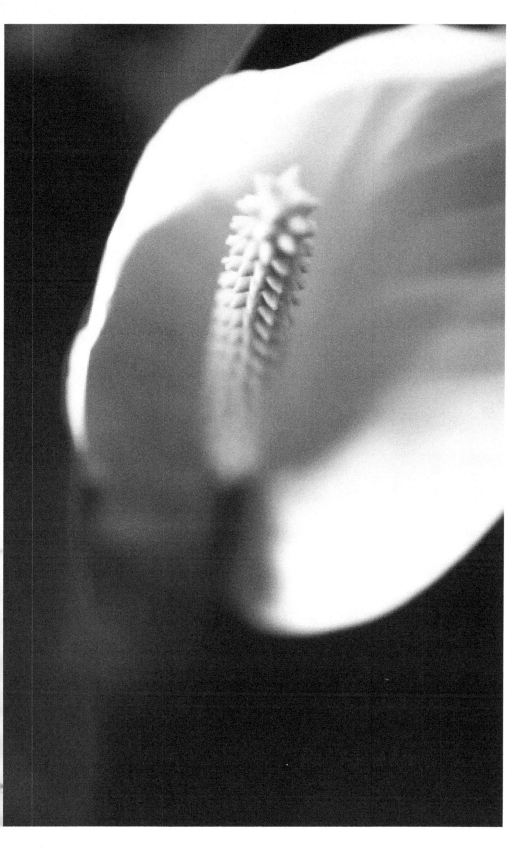

PRÓLOGO

ME DOY PERMISO DE VIVIR EL INSTANTE Y RECIBIR SU SABIDURÍA

Esta es la intención con la que me dejé guiar para desarrollar estos escritos. Es desde ahí que escribí mi historia, mi caminar, dándome cuenta que encontrar la sabiduría en la vida, es conectar con mi infancia, con mi sentir, con lo que deseo de corazón, creyendo en mis sueños, recordando la fuente todo dadora de vida que soy, de donde vine y en la que todo se reintegra.

Fuí haciendo el trabajo de soltar y fluir, que me permitió entrar en las memorias infinitas que estaban grabadas en mi interior, en mi experiencia humana para conectarme con mi conciencia, con el alma en donde está la posibilidad creadora.

Navegando en este mar de emociones humanas y posibilidades divinas, disfruté cada instante, aprendí que mis decisiones para ser feliz y realizarme están siempre unidas en materia y espíritu; que ya existen en el espacio de posibilidades donde lo que parecía imposible se activa. Reconocí que es en la materialidad del presente donde se siembra la intención, que al conectarla con el corazón y llevarla hacia la sabiduría divina, se crea el campo fértil donde lo que creía imposible fluye ordenando todo para que suceda en el tiempo perfecto.

Este libro es un instante, algo próximo a la experiencia de revelación. Un libro captado desde mi corazón abierto a recibir el mensaje, que la fuente amorosa donde fuimos creados nos han querido enviar. Es una herramienta para recordar que amar: es aceptar y vivir el presente; sólo cuando nos permitimos vivir el presente es que este se transforma y nos libera. Así fue que sólo me dejé fluir, experimentando el instante, sintiendo que en los momentos donde no me sentía merecedora o me sentía poco validada, siempre aparecía en mi interior una fuerza que me ayudaba, con la que siempre me siento bendecida y acompañada. Esa fuerza divina me ayudó a levantarme de situaciones en las que quería irme de este mundo, me ayudó a ver que en las situaciones donde creí que algo conspiraba contra mí, era mi ego. Que en las situaciones donde sentía que la vida me estaba castigando, era para aprender a perdonar y perdonarme. Que cuando sentía una gran presión en el pecho era porque me resistía a expresar mi tristeza, mi llanto y furia, por miedo a perder el control. Esa fuerza divina me recordó que siempre estoy sostenida y tengo toda la fuerza en mí para vivir el presente.

En los momentos más oscuros siempre me aferré a la fuerza del amor, le decía: "Si existes y quieres que hoy me levante, agárrame de tu mano y jálame, porque yo sola no lo voy a hacer...". Y siempre sentía que algo me levantaba y me decía: "Hay muchas cosas por hacer, ¿qué pasó con todo lo que soñabas? Tus sueños aún no están completados, así que arriba y adelante". Y así un aliento de amor infinito me recordaba mi poder de manifestación, mi esencia, mi "Yo Soy", que me daba fuerza para dejar al ego que en esos momentos me quería ver destrozada, difuminando las narrativas que me hacían como víctima, y soltando los pensamientos que no me ayudaban a avanzar.

Fue gracias a estas caídas que me dejé sostener por el amor infinito para reconstruirme en cada instante y reconocer que la vida es una constante transformación. Entonces me discipliné a seguir siempre ese rayo de luz en mi oscuridad (el amor); esa luz que también son todas las personas que me acompañan y todas las situaciones que al vivirlas me expresan su bendición oculta. Fue así como logré hacer real todo lo que me propuse, no me dejé atrapar por los conceptos o narrativas de mi ego, pues creí y sigo creyendo en esta fuerza divina que me mueve constantemente a vivir desde amor y asumir todo desde la oportunidad de crecimiento para entregarme a las creaciones que dejen una huella luminosa.

Un día sentí el impulso, desde mi interior, de escribir; no sabía cómo, pero el deseo era tan fuerte que encontré los medios y las personas precisas que ya estaban esperándome para hacerlo. Al principio me invadió el miedo, pues "yo no había estudiado para escribir", entonces me hice esta pregunta: ¿Desde dónde me quiero colocar, desde la incapacidad o desde

PRÓLOGO

la posibilidad? Y al afirmar que "Yo soy posibilidad", inmediatamente me abrí a la revelación, a ese mensaje que siempre está en todo lo que acontece y nos muestra el camino hacia la verdad infinita que es el amor.

Uno de los incentivos que me llevó a brotar estos escritos, fue brindarle palabras de aliento a las madres y padres de lxs pacientes que atiendo en la clínica neuropediátrica CENTYR — *Centro de Terapia y Rehabilitación*, para que puedan acompañar a sus hijxs en sus procesos de desarrollo. Acercándoles una motivación amorosa que los fortalezca y les lleve a reflexionar que las situaciones que pasan, siempre tienen un fin más allá de nuestro entendimiento lógico; y que estxs niñxs especiales, nos invitan a brotar nuestros potenciales divinos, reconociendo que todxs tenemos siempre lo que necesitamos y más, para sobresalir.

Por eso reuní en este libro las herramientas que me han ayudado a salir adelante, haciendo consciente lo bendecida, afortunada y acompañada que siempre estoy y he estado. Estas herramientas brotaron en un acto de fe y confianza en *lo que es* y *lo que siento*, compartiendo desde el corazón abierto el *qué dirá mi palabra*, en lugar de *el qué dirán*. Así me di cuenta que la palabra es capaz de decir y comunicar algo potente, cada vez que me abro a escucharme y recibo el instante para permitirme ser. Es desde esta gratitud que te ofrendo este libro y te invito a preguntarte: ¿Cuál es la historia que te quieres contar?

RESPIRA, ABRE TU CORAZÓN Y RECIBE EL INSTANTE.

CLAUDIA CANTÚ

PRÓLOGO

CARTA DE LA EDITORA

RECIBE EL INSTANTE

Este libro es una ofrenda a la palabra viva, es un mapa que traza los bordes y estratos que tejen la experiencia humana, revelando la llave de lo que profundamente significa amar: *permitir que todo se exprese*.

Así se fueron tejiendo estas palabras, con la valentía de una mujer que día a día, se dispuso a soltar la resistencia, desenmascarar sus juicios, diseccionarlos hasta llegar a la raíz de sus miedos y conversar con ellos para descubrir que, al escuchar su sabiduría, abren la puerta al mundo interior cuya riqueza de fondo es una verdad fértil.

Claudia se abocó a la disciplina de amar; reconocer que nada ni nadie es insignificante; que cada ser tiene un diseño único e irrepetible y por lo tanto, tiene una forma única de comunicarse. Ella se abrió a la conversación con la divinidad que hay en todo y entonces pudo convivir del paraíso que es cada persona; incluso aquellas que le ofrecían situaciones álgidas, pues pudo comprender que todo es un reflejo de ella misma y cuando se ocupa de lo que le corresponde, todo se libera en gracia. Esa es la experiencia profunda del amor: *cobijar cada instante*, pues trae en su forma única y perfecta, aquello que es preciso ver para transformar.

Así Claudia, reconoció que amarse implica una escucha atenta y una contemplación plena; y esto no es cosa menor, pues es un acto de profunda vulnerabilidad donde se puede reconocer la diferencia entre la imagen que tiene su ego de ella misma y su verdadero *ser*. Así comenzó por hacer un mapa de sus mecanismos reactivos ante el conflicto, esos donde se encontraba peleando, complaciendo, paralizándose o huyendo de situaciones que la confrontaban. Entonces, cada vez que observaba en ella alguna de esas reacciones, soltaba la resistencia y se disponía a escuchar con el alma, pues reconocía que cuando se sentía así, era porque en el fondo esperaba que el mundo se comportara como ella quería para estar feliz. Soltando la resistencia pudo observar sus condicionamientos, la falta de disposición que tenía para aceptar su verdad y la verdad de lxs demás.

Recuerdo que un día, paseando a su perrita Cala, un señor estaba estacionando su auto y dejó muy poco espacio entre un coche y otro, impidiendo que ellas pudieran pasar. Con un tono condescendiente, pero amable, le expusó al señor su falta de empatía pues al estacionarse a su manera estaba obstruyendo el paso. Inmediatamente el señor reaccionó y ese instante se convirtió en un conflicto lleno de juicios de uno a otro. ¡Qué señor tan inconsciente! ¡Qué señora tan pesada! Y cuando Claudia me contó esta historia, dando todos los argumentos de por qué el señor era un bruto y ella tenía razón, sonriendo pregunté: ¿Cuántas veces tú has realizado acciones egoístas que no toman en cuenta a los demás? ¿Cuántas veces tu ego ha decidido por ti, y no deja espacio para que tu alma camine libremente? En ese momento su rostro se iluminó, pudo ver el espejo y recuperar el reflejo como propio. Lo que le molestaba no era la acción del señor, sino que este estaba exhibiendo un conflicto que tenía con ella misma. Entonces el señor se había convertido en un maestro y ahora de alma a alma lo que Claudia sentía era gratitud, pues gracias a él, pudo difuminar esos límites interiores que entorpecían el caminar libre de su alma. Como esta historia hay un sin fin que fueron tejiendo la sabiduría de este libro.

Claudia, cuidadosamente fue moviendo todas las obstrucciones que le impedían ser verdadera y transparente; límites y mecanismos que son imposibles de ver por uno mismo y que generosamente cada uno de los momentos que vivimos nos los van mostrando. Fue así como ella se abrió a recibir el instante, comprendiendo que todo es perfecto y cuando se da permiso de *vivir lo que es*, puede ver su sabiduría y transformar en ella lo que es necesario para vivir en paz.

Hoy para Claudia ya no existen enemigxs, pues ha esculpido una consciencia de unidad. Reconoce profundamente que todo lo que le acontece es un reflejo de su mundo interior; y cuando ella se vive en amor, todas sus experiencias son amorosas, aunque su forma le incomode o disguste, pues comprende que la vida nos lleva a aprender por afinidad y contraste para que podamos evolucionar en equilibrio perfecto.

Es por eso que este libro es una ofrenda, un mapa que construyó para ella misma y ha decidido compartir al mundo para honrar y agradecer, todo aquello que hasta hoy la vida le ha regalado.

Querida Claudia, ha sido un honor acompañarte en este camino de desnudez, pues cada paso que has dado para amar tu verdad, me ha enseñado la valentía de ser completa en este mundo. Deseo de todo corazón que tu obra pueda acompañar a millones de personas a amarse y amar el instante, permitiendo que su sabiduría se exprese para que puedan vivir en gratitud y paz, como hoy tú lo haces.

¡Gracias por atreverte a ser verdadera!

Honro cada uno de los pasos que has dado y los celebro con la gratitud de mi alma llena de dicha y admiración.

Te amo.

ERA ANTILÓ

RECIBE EL INSTANTE

CAP   1

YO SOY EL ORIGEN

TE INVITO A QUE EN ESTA HOJA, ESCRIBAS, PINTES, ILUSTRES, DIBUJES O EXPRESES LO PRIMERO QUE SIENTES AL ESCUCHAR ESTA PALABRA. ¿A QUÉ TE RECUERDA? ¿QUÉ VIENE A TI CUANDO LA PRONUNCIAS?

RECIBE EL INSTANTE

Respira.
Siente tus pies conectando con la tierra.
Estás aquí.
Presente.
Esto que está sucediendo es perfecto.
Es justo lo que necesitas para avanzar.
Escucha tu sentir.
Tu miedo, tu enojo, tu tristeza, tu frustración,
tu felicidad, tu gozo, tu dicha..
No las interpretes.
No te apegues.
Sólo ábrete a sentir.
Recuerda que tú no eres esa emoción.
Esa emoción sólo está pasando a través de ti.
Siéntela pasar.
Exhálala.
Si necesitas llorar, gritar, pegarle a un cojín,
abrazar, celebrar, hazlo.
Siente cómo tu cuerpo se expande.
Respira.
Deja que la sabiduría de este instante te abrace.
Sólo siente.

RECONÓCETE:

YO SOY UN SER ÚNICO Y PERFECTO.
YO SOY UNA MANIFESTACIÓN DIVINA.
YO ESTOY DIVINAMENTE GUIADX Y PROTEGIDX.
YO SOY AMOR.
YO SOY LA FUENTE DE ABUNDANCIA.
YO SOY UN SER ILIMITADO.
YO SOY LA SABIDURÍA DE ESTE INSTANTE.
YO SOY EL ORIGEN.

RECUERDA:

YO TENGO TODO LO QUE NECESITO Y MÁS.
YO CREO EN LO QUE ESTOY CREANDO.
YO PUEDO CON TODO LO QUE LA VIDA ME OFRECE.
YO AMO CADA INSTANTE PARA QUE PUEDA FLORECER.
YO HABLO MI VERDAD Y TODAS LAS PERSONAS
SE BENEFICIAN DE ESCUCHARME.
YO VEO LA ESENCIA PURA DE TODAS LAS FORMAS.
YO SÉ QUE HACER PUES ESTOY EN CONEXIÓN CON EL TODO.

RESPIRA.

YO SOY EL AMOR CREADOR DE ESTE INSTANTE PERFECTO.
YO SOY EL AMOR CREADOR DE ESTE INSTANTE PERFECTO.
YO SOY EL AMOR CREADOR DE ESTE INSTANTE PERFECTO.

YO SOY.

Cada vez que te pierdas, vuelve aquí:

RESPIRA, SIENTE TUS PIES CONECTANDO CON LA TIERRA...

CAP 2

ELLA

TE INVITO A QUE EN ESTA HOJA, ESCRIBAS, PINTES, ILUSTRES, DIBUJES O EXPRESES LO PRIMERO QUE SIENTES AL ESCUCHAR ESTA PALABRA. ¿A QUÉ TE RECUERDA? ¿QUÉ VIENE A TI CUANDO LA PRONUNCIAS?

RECIBE EL INSTANTE

Ella se sienta en una esquina mirando. ¿A dónde? Sólo mira quedándose quieta por horas; perdiendo la noción del tiempo y el espacio. Parecía que no estaba aquí. ¿Dónde estaba? Quizá allá, en el universo. *Ella* no sentía que pertenecía a la Tierra. Intuía que venía de un lugar lejano al que quería regresar. A veces sentía frío, miedo, angustia. Sus ojos se llenaban de lágrimas que se deslizaban por sus mejillas. No quería ser vista ni descubierta, parecía que lxs otrxs no podían entender lo que *ella* sentía. La nostalgia invadía su ser frágil y sutil, su corazón estaba lleno de ternura y sus pequeñas manitas apretadas sobre su regazo, oraban por comprensión.

Ella era pequeña, inquieta, acelerada, atolondrada; siempre llena de sueños e ilusiones. Le gustaba contar cuentos, imaginar historias, reírse a carcajadas. Le molestaban los ruidos fuertes, los grandes tumultos, la ropa áspera, la comida chirriante; masticar era un reto, los grandes pedazos se anudaban en su boca. Y cuando miraba el cielo, se pasaba horas contemplando las estrellas como si quisiera viajar hasta ellas. Le era todo un desafío conectar y entender el mundo. Observaba a las personas en su hablar, en su vestir, en su caminar; pero no podía descifrar lo que decían. Por las noches, sentía que al soñar, se desprendía de su cuerpo y desde ahí contemplaba a los adultos, podía comprenderlos, pero al despertar, seguía sin entender. Otras noches, cuando no podía dormir, sentía como si los ángeles vinieran a visitarla, a revelarle secretos.

Para *ella* los días pasaban rápido, le gustaba juguetear y experimentar. Algunos adultos creían que se distraía, pues hablaba sola, pero en realidad *ella* se vinculaba con la magia en todo. Así fue creciendo aliada de la alegría y las risas, en ocasiones sumergiéndose en lo abrumante de las lágrimas y la tristeza, descubriendo que *ella* era esa luz que veía en las estrellas, y de alguna manera intuyó, que no estaba sola.

Un día, al entrar en su adolescencia, un ser de luz llegó a su familia, un bebé, hijo de su tía; él era diferente, vulnerable, y todxs en la familia estaban preocupadxs y ansiosxs. Al nacer sus intestinos estaban expuestos fuera de la cavidad abdominal y al parecer su pequeña cabecita no había alcanzado el crecimiento necesario para poder darle un espacio al desarrollo de su cerebro, le costaba trabajo respirar, su pronóstico de vida era poco favorable. Así, inmediatamente después de su nacimiento, fue intervenido quirúrgicamente para colocar sus intestinos en su lugar y que pudieran empezar a trabajar. Era un niño muy pequeño pero fuerte, salió de esta primera intervención a pesar de que los médicos opinaban que lo que le pasaba podía ponerlo en peligro de perder la vida. Con todo el apoyo médico logró salir adelante, después de estar algunos meses internado en terapia intensiva con problemas importantes de alimentación y respiración. Sus padres no sabían bien a bien qué iba a pasar, ellxs lo amaban y luchaban por su vida, preocupadxs sí, pero siempre llenxs de fe y esperanza, confiando en el proceso y el amor divino.

Después de varios meses *ella* lo pudo conocer, lo sostuvo en sus brazos y pudo conectar con su alma, con su ser. *Ella* se daba cuenta que todxs lo veían con miedo, con tristeza, lo amaban, pero no sabían qué hacer o qué decir. *Ella* lo veía con alegría, lo veía con el alma, y eso hacía la diferencia, fue entonces que algo apareció en su interior con una fuerza muy especial, pudo conectar con algo que por fin le dio sentido a su existencia en la tierra. Este pequeño ser le trajo un mensaje que su corazón aún no podía descifrar, en ese momento sólo lo amaba, ayudaba con sus cuidados y gozosa lo acompañaba junto a su tía con lxs médicos y terapeutas. *Ella* observaba profundamente cómo ese ser pequeñito y vulnerable, con todo su esfuerzo y el alma llena de ganas de vivir, lograba avanzar para poder cumplir con las necesidades básicas que la vida le imponía, mostrando desde su fragilidad su gran fortaleza, sus ganas de vivir que a veces expresaba en risas, otras veces con llantos y otras veces al quedar exhausto y dormido. Para *ella*, todo lo que ese pequeño ser vivía era la expresión de un lenguaje vital.

Ella tenía 14 años y poco a poco se dio cuenta que al crecer, dedicaría su vida a estar cerca de pequeños seres que como su primo, vienen a este mundo a ser acompañados de una manera especial. Siempre que podía acompañaba a su tía para observar cómo le hacían sus ejercicios de fisioterapia y al estar ahí, se concentraba e imaginaba que hacía lo mismo que su terapeuta, que con sus suaves manos llenas de amor y luz, lo sostenía para llenarlo de energía, para que no se rindiera y pudiera estar en armonía con su cuerpo frágil.

El lugar donde el pequeño recibía sus terapias era en el *Centro de Aprendizaje de Cuernavaca,* creado por la Psicóloga Raquel Benavid. Las terapias que recibía eran muy especiales y sólo se impartían ahí, por la Dra. Cristine Nelson graduada de Estados Unidos, como terapeuta ocupacional, entrenada en Europa en el *Concepto Bobath,* quien había decidido venirse a México, invitada por su colega, a formar parte de la iniciación del abordaje terapéutico *Bobath,* que aquí no existía. Este método fue creado por lxs esposxs Karel Bobath —médico neurofisiólogo—, y Bertha Bobath —maestra de educación física que investigó la conexión de los fenómenos fisioterapéuticos con lo neuronal.

Así pasaron los años, él creció, *ella* también. Él con grandes esfuerzos y *ella* estudiando para llegar a la edad en que pudiera dedicarse a la fisioterapia. Sus papás siempre lucharon por él, con amor incondicional; él logró caminar, hablar y aprender muchas cosas, pero sobre todo demostrar a todxs lo que era vivir y mirar siempre adelante, sin rendirse y siempre empujadx a enfrentar sus necesidades y desarrollando una gran voluntad y tenacidad, con un alma fuerte y decidida a experimentarse en esa expresión y forma.

Fueron todas esas vivencias que *ella* experimentó desde su infancia, las que plantaron la semilla que ha ido floreciendo poco a poco, llevándola a crear junto con otras cuatro mujeres, el primer centro en México abocado al acompañamiento fisioneuronal que integra la sabiduría intuitiva y honra el proceso de cada familia: *CENTYR, Centro de Terapia y Rehabilitación,* que se ha mantenido vivo desde hace 35 años. Hoy atienden a más de 250 niñxs, tanto de manera particular como en apoyo a familias de bajos recursos, en diferentes áreas de rehabilitación pediátrica.

ELLA

Donde *ella* ha logrado hacer visible el hallazgo, que lo que se sueña con el alma y el corazón, siempre se logra. Pues no importa lo que pase en el camino, no importan las limitaciones ni los desafíos, todo es posible si sólo sigues la voz de tu alma y el latir de tu corazón.

RESPIRA,
YA ERES.

ELLA

CAP 3

GUARDIÁN DE LA INFANCIA

TE INVITO A QUE EN ESTA HOJA, ESCRIBAS, PINTES, ILUSTRES, DIBUJES O EXPRESES LO PRIMERO QUE SIENTES AL ESCUCHAR ESTA PALABRA. ¿A QUÉ TE RECUERDA? ¿QUÉ VIENE A TI CUANDO LA PRONUNCIAS?

RECIBE EL INSTANTE

Un *guardián* es un ser que cuida, que acompaña, que guía y puede ser visible o invisible. Hay *guardianes* en todas las dimensiones que apoyan y guían a los seres humanos en su evolución. Sólo necesitas buscar dentro de ti, estar presente en el lenguaje de tu corazón y así podrás sentir y comunicarte con tus guardianes de luz. Ellxs están para servir, para ser llamadxs, aclamadxs en todo momento e instante. No te dejan. Tu alma siempre está custodiada y protegida por la luz.

Lxs infantes, son seres vulnerables que vienen a transformar a los seres adultos, para recordarles su divina esencia. Un *Guardián de la Infancia*, es un ser humano que se prepara para ayudar a lxs pequeñxs que llegan desde su libertad, a habitar un cuerpo en la tierra y cumplir su misión. Como el maestro Jesús que en sus palabras y actos manifestó el amor hacia lxs niñxs: "Dejad que los niños vengan a mí y no se lo impidáis; porque de ellos es el reino de los cielos" (Mateo 19:14). A través de esta declaración, quería mostrarle a los guardianes de la infancia que lxs niñxs ya son seres completos y deben ser respetadxs y guiadxs para que renueven y restituyan las formas divinas.

Todo ser que tenga la bendición de recibir y guiar a una criatura desde su concepción, ya es un *Guardián de la Infancia*; madres y padres, hermanxs, abuelxs, doctores, especialistas, maestrxs; al acompañar a un infante están en conexión directa con la expresión de la fuente divina. Lxs infantes son un regalo del cielo que colma de abundancia a aquellxs que les reciben en amor incondicional.

Cuando un ser decide habitar el planeta a través del útero materno, por la unión de dos células en creación, ya está iniciando su plan de evolución. Y tú, *Guardián de la Infancia* que has aclamado por un hijx, toma las riendas para la creación y crecimiento de este ser. Fuiste escogidx porque eres capaz; porque puedes responder por esta alma y guiarla en la tierra. Toma a este ser con el mismo amor con el que tú fuiste creadx, confía en ti, en tu sabiduría, desde tu corazón sabrás acompañarle.

Cuando un ser decide habitar la tierra desde una manifestación diferente, su diseño neurológico único te mostrará que la creación no tiene preferencias, ni ideales, y siempre está en busca de nuevas formas que renueven los paradigmas. Este será tu gran reto, tu compromiso, permitir que esas nuevas formas se expresen, así, tendrás el placer de reconocerte vulnerable a través de tu propix hijx, y todas esas formas rígidas o blandas que entorpecen la expresión de tu esencia, podrán renovarse en miras de reavivar tu potencial creador. Tu hijx necesita de tu rendición, de tu vulnerabilidad, de tus momentos de sinceridad, de tus angustias, pues es la expresión de tu verdad lo que mejor le guiará. El ser que se te entregó, vino a ser tu maestrx. Es una oportunidad para que aceptes que eres un ser humano y te ames así, en tu fragilidad, en tu humanidad, reconociendo que: "Si te amas, me amas". Por eso ten fe en tu interior, ahí está el camino y la respuesta.

Tienes en ti la maestrría del amor incondicional que tiene que ver con tu capacidad de aceptar y recibir el instante tal y como es, comprendiendo que es la enseñanza que necesitas vivir para poder evolucionar. Tú eres esx maestrx que tiene ya el ejemplo en sí. Si no te gusta lo que ves, ocúpate de ti y verás cómo cambia tu reflejo. Tu salvación es el valor con el que enfrentes tus retos, la capacidad que muestras para superar tus frustraciones y la grandeza para reconocer el amor incondicional que el padre divino tiene hacia ti, hacia todxs sus hijxs, ahí está la guía para amar.

Ningún amor condiciona, ningún amor niega, ningún amor reclama. El amor es la capacidad transformadora, es la capacidad de habitarte y expandirte para ser ejemplo y dar ejemplo. La vida te ama. Si escuchas con el alma, ella te guiará, será tu guardiana en este camino de la maternidad y la paternidad. Tú y tus hijxs están cuidadxs y guiadxs por la luz. Tus *guardianes del amor* estarán a tu lado, para que reconozcas que tú también eres esx guardián, lx llevas dentro: "Habítame y encontrarás la fuerza para luchar contra el rechazo y el perfeccionismo humano que impiden ver la belleza y sabiduría de cada instante".

Un *Guardián de la Infancia* es quien cree, comprende, acepta, ayuda y no niega, ni rechaza. Es quien vive y cuida desde el gran amor divino. Hay diferentes guardianes: lxs que crean la vida, a esxs les llamamos madres y padres; lxs que guían en la vida, a esxs les llamamos maestrxs; y lxs que apoyan a seres especiales en la vida, lxs terapeutas. Todxs y cada unx de estxs guías, tienen a su mando el cuidado y la buena crianza; pero lo más importante es que tienen en sus manos el alma y espíritu de un ser en evolución, que necesita de todxs para manifestar en la tierra los dones que vino a entregar.

Son escogidxs quienes ya tienen en sí la sabiduría y la conciencia del Gran *Guardián*, y a quienes naturalmente llegarán estos seres, abrazadxs por toda la confianza y el amor de la vida.

Recuerda que el amor incondicional de la vida es tu guardián en este sendero. Tú eres su ejemplo. Cuida, educa y enseña con paciencia y respeto. No claudiques, ni aflojes con tus creencias o tu ego, sé simple, sencillx, paciente y amorosx. Si no sabes, pregunta. Si no crees, ora. Si no te sientes capaz, medita. Recuerda que tú ya eres un *Guardián de la Infancia*. Recuerda que cada amanecer, es una nueva oportunidad para ver la luz en este sendero y cada anochecer, es un descanso para continuar.

Un ser pequeño necesita de un gran ser humano para crecer, por eso te escogió a ti. No dudes, confía. Tú tienes todo lo que este ser necesita para evolucionar.

Con amor,

LXS GUARDIANES CUIDADORES DEL ALMA

CAP 4

GESTACIÓN

TE INVITO A QUE EN ESTA HOJA, ESCRIBAS, PINTES, ILUSTRES, DIBUJES O EXPRESES LO PRIMERO QUE SIENTES AL ESCUCHAR ESTA PALABRA. ¿A QUÉ TE RECUERDA? ¿QUÉ VIENE A TI CUANDO LA PRONUNCIAS?

RECIBE EL INSTANTE

Espacio vacío, transparencia viva,
útero que espera, vida que inicia.
Te tomo y decido habitarte,
con mi cuerpo frágil y mi alma fuerte.
Así me manifiesto en la tierra,
en el agua, en el viento
y en las llamas ardientes de la vida.

Existencia terrenal, cuerpos que se estremecen,
células que se unen, cuerpos que tiemblan.
Sensaciones necesarias para que puedas habitar tu cuerpo
y resonar en tu corazón.
Sudores que atrapan, montañas de emociones,
movimiento que sincroniza un baile de amor.

Así llegamos, seres pequeños, frágiles en cuerpo y fuertes de espíritu.
Tú aún no lo sabes, pero yo ya estoy, ya llegué,
con un salto divino habito tu cuerpo,
tu espacio, tu útero, ya soy tu hijx.

Vértigos, descansos,
movimientos, quietud interior.
Seré impar, tendremos retos mutuos, lágrimas,
angustias, náuseas, alegrías.
Tú me llamaste, me deseaste, me pediste venir, me creaste,
estaba esperando este momento para llegar.

Amor infinito,
amor no sentido,
amor para siempre,
estado divino.

Sé que tienes miedo.
Sé que te atormenta.
Sé que te inquieta.
Sé que me manifiesto de manera única.
Sé que en ese espacio me amas.
Sé que te preocupo.
Sé que llorarás.
Sé que nada será igual para ti.
Sé que cuidarás de mí.
Sé de tu sufrimiento.
Sé de tus desvelos.
Sé que cada día nos amaremos más.
Sé que ya me amas.

Soy ternura, necesito de ti y tú de mí
para desplegarnos y manifestar nuestra dulzura.

CUIDADOS ____ ARRULLOS

___ ABRAZOS ___

SOY TU HIJX
____ YA SOY EN TI ____

_____ YA ERES EN MÍ _____

GESTACIÓN

CAP 5

UN NACI MIEN TO

TE INVITO A QUE EN ESTA HOJA, ESCRIBAS, PINTES, ILUSTRES, DIBUJES O EXPRESES LO PRIMERO QUE SIENTES AL ESCUCHAR ESTA PALABRA. ¿A QUÉ TE RECUERDA? ¿QUÉ VIENE A TI CUANDO LA PRONUNCIAS?

Llegó el día.
Una mirada, una sonrisa, una oración,
un pensamiento, un movimiento,
una actitud, una forma,
eso es *nacer*.
Justo ahí donde la fuerza parece perderse,
donde la potencia de vida está más latente,
donde está el potencial de la experiencia creadora,
donde la vida eterna se hace materia.
El *nacimiento* surge en lo vivido desde el amor,
desde el deseo,
en lo que parece tenue,
en lo que está ahí dentro y brota,
desde el abrazo.
El *nacimiento* es una fuerza divina, un aliento,
una inspiración que llega a través de un movimiento vivo.
Una vida que ya fluye,
llena de células vibrantes que están conectadas
para vivir en unidad.
Esa pequeña vida,
ese pequeño ser que ya está ahí,
es el *nacimiento*.
Es la bendición que brota al sólo ser, sólo existir y amar,
lo creado desde el amor divino y materializado
por el amor de los padres terrenales.
Nacer es entrar a la vida,
es compartir, crecer, aprender y manifestar.
Nacer es existir en amor,
para el amor y desde el amor.

Nacer es vibrar y hacer vibrar.
Nacer es *ser* para ser,
un *nacimiento* constante,
un alma que vibra amor.

UN NACIMIENTO

HOY LLEGAS A LA VIDA.

Grandes impetus, tu cabeza corona.
Con un gran esfuerzo sales,
no respiras, tus ojos se abren.
Las miradas se expanden y se intensifican.
Parece que algo se ha complicado,
pero hay algo muy potente que está ahí;
eres tú, con tu inmensidad y grandeza.

Todo se mueve,
parece que una vida se acaba
al unísono de otra vida que empieza.
En pocos momentos estás en mi regazo.
Tu vida inicia y desde la gentileza y el agradecimiento,
conecto con tu alma.
Tu ser está devastado, cansado, afligido,
presenta nudos en sus entrañas.
Se hace un silencio, parecen horas y son instantes
donde sólo se escuchan murmullos,
movimientos agitados para que tu vida se salve.
Todo está quieto y a la vez vertiginoso,
estamos juntxs desde nuestros seres frágiles y llenos de amor.

¿Qué pasa?
Nadie me responde,
lágrimas escurren por mis mejillas,
la felicidad me inunda y a la vez, el miedo se apropia de mí.
Tu cuerpo es frágil, te quedas quietx y por fin descansas.
Dormimos en unidad.
Despierto.
Un hombre alto, conocido, que nos ama, está a mi lado.
Su gesto dice: "Algo pasó".
En un momento la vida cambia.
Tu caminar será único, con altibajos,
con grandes pruebas, muchos retos, pero caminaremos juntxs,
confiaremos y seremos unx en este gran reto de la vida.

Esto es lo que hoy significa que estés aquí.
Tú escoges vivir y yo sólo soy quien te ayudará a crecer,
a ser fuerte, a confiar en ti, a cuidarte,
te acompañaré a expresarte, a moverte, a tomar decisiones y ser libre.

Llegas en el momento ideal, te veo tan pequeñitx y vulnerable,
siento un miedo enorme, se transmite a través de un dolor expansivo
que corre por mis venas e inunda mi ser de angustia.
Tus ojos piden consuelo, tus manos están quietas, inmóviles
y yo siento que no tengo fuerza.

Mi corazón llora de amor por ti, de pena,
de miedo, de culpa y tú estás en paz.
Hay una fuerza interna que me empuja.
Respiro.
No estoy sola.
No estás solx, mi amor está a tu lado.
Te amo simplemente porque existes,
porque me enseñas nuevas formas de ser humanx.
¿Por qué me elegiste a mí?
¿Por qué me eligió Dios a mí?

Abro mi corazón y escucho:

"Hoy tu tienes un hijx en tus brazos, su camino será diferente. Confía,
él/ella/elle te irá indicando por dónde; sólo tendrás que contemplar,
creer, amar y avanzar. Recuerda que este ser ya estaba dado para ti desde
que lo pensaste, desde que lo deseaste con el corazón, y vino desde ahí,
desde tu deseo. Hoy puedes encontrarte triste o con anhelos frustrados;
pero está en tus brazos, no temas, Dios está a tu lado, tú sólo dale lo
mejor de ti sin estorbarle con tus miedos y expectativas. Recuerda que
para Dios, tu hijx en su forma única y diferente, ya es perfectx; y tú lo
único que debes hacer, es dejarlx crecer. Suelta tus exigencias, las cuales
te impiden aceptar la sabiduría de su forma única. Este ser, como tú,

necesita de tu amor verdadero, infinito e incondicional para florecer sus dones. Recibe el instante, abre tu corazón, no temas, vino a enseñarte la luz verdadera, tu camino de vida, la sabiduría oculta, la mirada de esperanza, el brote de los cuidados que sólo tú puedes dar. Tú eres la elegida. Abre tu corazón, envuélvele con tus brazos y ama sin preguntas, así todo será dado, así todo se te mostrará."

Hijx del cielo, soplo divino, me abro a respirar la vida en sus formas perfectas, manifestación del espíritu, momentos de vida, silencios, suspiros, te guío con el alma y escucho tus lenguajes únicos:

Cuídame, acéptame,
mi chispa de vida viene de la misma
que te mantiene viva a ti.

RESPIRO,
TOMO,
DOY,
ABRAZO CON EL ALMA.
ACEPTO LA GRACIA,
EL AMOR ETERNO.
SOMOS PERFECTXS,
UNX PARA EL OTRX.

CAP 6

SABIDURÍA DEL LLANTO

TE INVITO A QUE EN ESTA HOJA, ESCRIBAS, PINTES, ILUSTRES, DIBUJES O EXPRESES LO PRIMERO QUE SIENTES AL ESCUCHAR ESTA PALABRA. ¿A QUÉ TE RECUERDA? ¿QUÉ VIENE A TI CUANDO LA PRONUNCIAS?

RECIBE EL INSTANTE

El *llanto* es una sinfonía de sonidos que expresan y matizan necesidades, demandas, esfuerzos, lucha y sobre todo vida.
"Lo primero que escucharás cuando nazca es mi *llanto*,
es el instante en el que tu corazón se conecta con el mío,
es la voz de mi alma diciendo aquí estoy, llegué."

El *llanto* es la primera expresión,
son las primeras palabras.
El *llanto* no implica miedo, ni ansiedad, no lo calles,
tu hijx se está comunicando.
Tus miedos y ansiedades
no ayudan a que escuches el *llanto* como una expresión sonora,
como un lenguaje vivo.

"Primero me expresaré con el *llanto*, después copiaré tus formas, tu idioma, seré un reflejo de tus emociones. Cuando dejo de *llorar*, es porque entro en conexión con el lenguaje de la quietud, del silencio, pero ese es un lenguaje que iré conociendo y aprendiendo a través de tu paz interior".

"No siempre que *lloro* tengo miedo,
no siempre que *lloro* me duele algo,
no siempre que *lloro* necesito que me calmen,
a veces sólo necesito expresar lo que siento, pero no me molesta.
No interpretes mi *llanto* desde tus necesidades,
escucha mi *llanto* y deja que se exprese.
Te comunicas conmigo desde el mismo lugar del que te hablas a ti.
Si conectas con tu alma, conectarás con mi alma.
Acaricia mi *llanto*, háblale a mi corazón.
Todo es perfecto
Lloro porque estoy vivx".

Ojos que miran, ojos que lloran, expresión del alma.
Gotas que resbalan, agua salada que sale del interior,
sentimientos, emociones de amor y dolor.

Lágrimas: liberación del alma que expresa y manifiesta cómo fluir,
y dejar salir un sentimiento.

Pequeñas gotas que se acumulan, crean un torrente de agua cristalina,
que expresa y habla de una manera clara.

Son expresión del alma en la vida terrenal.
Déjalas salir para que así sean manifestadas y comprendidas.
No las reprimas, deja que salten y recorran todo tu rostro.
Saboréalas, son la expresión de la luz que entra por tus pupilas.

LAS *LÁGRIMAS*
AQUIETAN TU ALMA,
SON SUSPIROS DE TU ESPÍRITU,
SANACIÓN DE TU EXISTENCIA.

CAP 7

SABIDURÍA DE LA ASFIXIA

TE INVITO A QUE EN ESTA HOJA, ESCRIBAS, PINTES, ILUSTRES, DIBUJES O EXPRESES LO PRIMERO QUE SIENTES AL ESCUCHAR ESTA PALABRA. ¿A QUÉ TE RECUERDA? ¿QUÉ VIENE A TI CUANDO LA PRONUNCIAS?

RECIBE EL INSTANTE

La *asfixia* aviva el torrente de energía que corre por los poros. Sabiduría que por momentos te detiene, para que reúnas tu fuerza y puedas avanzar. Miedo que aparece y expresa el cambio. Espacio sin aire que expresa tu ser consciente para seguir. Suspiro de amor sin precedentes, en donde sólo se ve lo oscuro de la luz que siempre respira.

La *asfixia* es un instante que te invita, a través de la sensación de muerte, a tomar con toda tu fuerza la vida. La *asfixia* nos despierta del adormecimiento existencial. Nos lleva a renacer de una forma distinta. A florecer en nuevos espacios. A amar las revelaciones que se expresan a través del sufrimiento, la alegría, la quietud y la tempestad. Todo es una expresión divina. Recibe el instante.

La *asfixia* es el movimiento que trae de nuevo el espíritu a la tierra, que le muestra rotundamente el valor de la respiración. ¡Ay humanx, que fácilmente se olvida de respirar, que fácilmente olvida que la respiración es la llave! Inhala para tomar la vida. Exhala para soltar lo que ya no es vigente. Así los ciclos pasan. Así cuando la *asfixia* aprieta, es para exprimir la vida. Para contraer cada órgano y cada célula, al punto de su pureza. Los órganos y partículas también se vuelven perezosos, pero cuando el aire se corta, todo recuerda, despierta, se reactiva y aquello que por nublado o sedado no despierta, perece.

La *asfixia* es el electroshock que revive al humano y lo trae nuevamente aquí, después de un largo sueño.

CAP 8

RESPIRA

TE INVITO A QUE EN ESTA HOJA, ESCRIBAS, PINTES, ILUSTRES, DIBUJES O EXPRESES LO PRIMERO QUE SIENTES AL ESCUCHAR ESTA PALABRA. ¿A QUÉ TE RECUERDA? ¿QUÉ VIENE A TI CUANDO LA PRONUNCIAS?

RECIBE EL INSTANTE

RESPIRA.

YO SOY EL AMOR CREADOR DE ESTE INSTANTE PERFECTO.
YO SOY EL AMOR CREADOR DE ESTE INSTANTE PERFECTO.
YO SOY EL AMOR CREADOR DE ESTE INSTANTE PERFECTO.

YO SOY.

CAP 9

MADRE VALIENTE

TE INVITO A QUE EN ESTA HOJA, ESCRIBAS, PINTES, ILUSTRES, DIBUJES O EXPRESES LO PRIMERO QUE SIENTES AL ESCUCHAR ESTA PALABRA. ¿A QUÉ TE RECUERDA? ¿QUÉ VIENE A TI CUANDO LA PRONUNCIAS?

RECIBE EL INSTANTE

"Creo que no estoy preparada", dices.
Respira.
Dios te eligió porque tienes la fuerza.
Eres *valiente* y sutil.
Has sido elegida porque estás completa,
porque en ti habita todo lo que ese ser que te escogió
necesita para ser guiadx.
No temas, acepta y agradece.
Ábrete a brotar tu sabiduría del alma.

Mujer *valiente*, boca que calla,
grito que retumba, dolor del alma,
confía.

"Soy fortaleza en ti y para ti.
No sufras, descansa en la sabiduría que te habita.
Soy tu hijx, soy únicx.
Quizá no siempre podré decirte lo que quiero
ni darte lo que quieres,
pero si te acercas a mí y me sientes,
ahí está todo mi amor y agradecimiento".

Gracias mamá.
Mi alma te abraza siempre.

CAP 10

SABIDURÍA DEL ENOJO

TE INVITO A QUE EN ESTA HOJA, ESCRIBAS, PINTES, ILUSTRES, DIBUJES O EXPRESES LO PRIMERO QUE SIENTES AL ESCUCHAR ESTA PALABRA. ¿A QUÉ TE RECUERDA? ¿QUÉ VIENE A TI CUANDO LA PRONUNCIAS?

Yo soy la *sabiduría del enojo*, la expresión de lo que ya existió, pero que no quieres soltar. No me entierres, no me quites, no te lamentes, no me tomes como algo malo. Sólo soy *enojo* que viene a expresar, lo que ya no quieres permitir, lo que es preciso transmutar. No te ciegues ante mí, aquí estoy para cuidar tus límites. Soy tuyo, siempre tuyo, *enojo vivo* que exclama: "¡Basta!". Fuego vivo que pide transformación.

El *enojo* es un mapa. Lágrimas de fuego, latidos que permiten al corazón llevar la sangre a todo tu ser. Es la piel que se estremece en energía viva: "¿Esto es lo que quieres seguir viviendo? ¿Qué es lo que ya no estás dispuestx a aguantar?" ¡Enójate, enojémonos! *Enojarse* simplemente es avanzar en tu sentir, es el vehículo para expresar tu verdad.

Yo soy la *sabiduría del enojo*, corteza de cortezas. Soy la gravedad de un movimiento tempestuoso que abre, que eleva, que rompe la tierra para que el cielo pueda penetrar hondo y fecundar la semilla. Yo soy el grito que rompe los muros que te apresan. Yo soy el grito que abre ventanas en tu coraza para que el aire fresco corra. Soy el latido del corazón, tambor inagotable que por momentos intensifica su sonar, para que regreses a ti, para que te escuches. Soy el grito que te regresa a casa. Soy el laúd que aviva tu espíritu. Soy la llama que enciende tu corazón. Obsérvame. Soy información, soy expresión, soy sabiduría, soy el ímpetu de tus límites.

SOY MOVIMIENTO VIVO.

¡VÍVEME!

CAP 11

CON TEM PLA CIÓN

TE INVITO A QUE EN ESTA HOJA, ESCRIBAS, PINTES, ILUSTRES, DIBUJES O EXPRESES LO PRIMERO QUE SIENTES AL ESCUCHAR ESTA PALABRA. ¿A QUÉ TE RECUERDA? ¿QUÉ VIENE A TI CUANDO LA PRONUNCIAS?

RECIBE EL INSTANTE

La *contemplación*, es la manera distinta de recibir mensajes de luz directa, desde un espacio o lugar que no puedes habitar únicamente con los sentidos físicos. La *contemplación* es la mirada del alma; es la capacidad de percibir las vibraciones de lo que estás *contemplando*. *Contemplar* es conectar con todos tus cuerpos: tu cuerpo físico, cuerpo mental, cuerpo emocional y cuerpo espiritual. Observa desde tu energía lumínica, vibrante, atemporal y podrás interpretar todo sobre todo, sin ¿por qué y para qué? Sólo recibiendo la sencillez y simplicidad de lo que aparece en el instante.

La *contemplación* es un torrente de energía que te mueve en la variabilidad, para poder darle un lugar a nuevas posibilidades en lo que existe. *Contemplando* aprenderás a sentir y a percibir desde tu interior espiritual, desde la vibración del amor sagrado, sabio y sin sentido, aquello que se te quiere decir y compartir, con claridad y simpleza.

Contemplar es respirar.

Inhala llenando tu ser de lo que vives en presente.
Exhala brotando la sabiduría de lo que se te da.

Vacío _____ *Contemplación* _____ Todo

Contempla desde tu templo interior.
En la *contemplación* está la respuesta a tu pregunta.
Ten templanza, aceptación y paciencia.
Habitar la contemplación es habitar una nada fértil,
para conectarte con la particularidad y habitar el todo.

CAP 12

¿QUÉ ES EL TODO?

TE INVITO A QUE EN ESTA HOJA, ESCRIBAS, PINTES, ILUSTRES, DIBUJES O EXPRESES LO PRIMERO QUE SIENTES AL ESCUCHAR ESTA PALABRA. ¿A QUÉ TE RECUERDA? ¿QUÉ VIENE A TI CUANDO LA PRONUNCIAS?

RECIBE EL INSTANTE

El *todo* es un movimiento vivo, innabarcable, imponderable e infinito que nos aviva y contiene. Es lo que te ayuda a conocer y reconocerte como partícula vibracional, que se conecta con el instante presente para darle valor y sentido a lo que está aconteciendo. *La consciencia de totalidad* versa en comprender que eres un ser único que forma parte de un *todo vivo*; es el reconocimiento de que nada ni nadie es insiginficante, *todo* tiene un lugar en el sistema complejo que nos reúne y es preciso que cada quien ocupe el lugar que le corresponde, guiadx desde su más alto bien, desde lo seguro (el amor), desde lo verdadero, desde lo que *es*, para que el todo siga su expansión evolutiva.

Es simple, si algo no está bien, es porque no estás ocupando tu lugar. Escucha tu alma, colócate en tu camino, no entorpezcas con tu ego el camino de lxs demás, así todo naturalmente encontrará su cauce.

CAP   13

AMOR

TE INVITO A QUE EN ESTA HOJA, ESCRIBAS, PINTES, ILUSTRES, DIBUJES O EXPRESES LO PRIMERO QUE SIENTES AL ESCUCHAR ESTA PALABRA. ¿A QUÉ TE RECUERDA? ¿QUÉ VIENE A TI CUANDO LA PRONUNCIAS?

RECIBE EL INSTANTE

Yo soy *amor*, tu propia capacidad creadora con la que llegaste. Soy la fuerza que no se acaba, la que viene de lo eterno, una luz fugaz que entra con fuerza y hace explosión, animando el instante. Soy lo seguro, lo que se tiene, lo que ya sabe, lo que te libera de todo lo que experimentas para seguir avanzando en paz. Sin cargas. Soy la medicina que sana, que consuela, que te aviva e ilumina. Soy tu propio *amor*, el que ahí está, nunca me voy, ni me iré; aunque no me reconozcas vivo en ti, acaricio tu alma y tu ser, en todos los instantes.

Soy caricias, soy silencios, soy estruendos, soy temblor que se expresa cuando me olvidas. Llegué a ti, estoy en ti, y me iré contigo. Soy compañía, soy luz en tu oscuridad, soy dulzura en tu amargura, soy el por qué de tu existencia. Soy la fuerza que reúne todo en un orden perfecto. Así, cuando no sepas qué hacer, entrégame tus penas y tus angustias que yo te mostraré el orden perfecto.

Soy vibración divina que crece en ti,
somos unx en *amor*.
Si te *amas*, *amas*, y si *amas*, todo fluirá.
Soy lo que sostiene tu existencia y toda la existencia.
Estoy aquí en ti,
· en lo profundo,
en lo sutil,
en la simplicidad de tu existir.

Amor infinito.
Amor en existencia total.
Amor transparente que se mueve _____ Espacio sagrado.

¿QUÉ ES EL *AMOR*?

El *amor* es un simple estado de paz.

Paz, viene de la raíz indoeuropea "pak" que significa *ensamblar*.

Estar en paz es dejar florecer el orden sincrónico de todo lo que nos acontece. Eso es *amar*, vivir el orden perfecto de cada instante.

Amar es reconocer la armonía en todo,

entre lo que se mueve y aquieta,

entre lo que da y recibe,

entre lo que se siente y comprime.

Amar es vivir la simpleza del alma,

quietud creadora que da la experiencia de sólo ser.

Ojos que ven en *amor*, son ojos que expresan luz,

iluminan para que el orden perfecto sea visible.

Manos que tocan en *amor*, dan calidez y tranquilidad,

a cuerpos que estremecidos no encuentran serenidad.

Corazón que late en *amor*, abraza y entiende.

Ve, toca y palpita el *amor* en todo,

para que el *amor* te inunde como cascada e irradie en la tierra,

la fuente de donde fuimos creadxs.

Amor, infinita expansión.

Abraza, toca, mira, vibra con lo sutil del *amor* del alma.

Amar es expandir la creación divina,

el movimiento vivo que fluye hacia el todo.

CAP 14

EXPE RIMEN TAR

LAS FORMAS

TE INVITO A QUE EN ESTA HOJA, ESCRIBAS, PINTES, ILUSTRES, DIBUJES O EXPRESES LO PRIMERO QUE SIENTES AL ESCUCHAR ESTA PALABRA. ¿A QUÉ TE RECUERDA? ¿QUÉ VIENE A TI CUANDO LA PRONUNCIAS?

RECIBE EL INSTANTE

Hay distintas *formas* de ver la vida. De reconocerte, de enfrentar un problema. *Formas* de convivencia, *formas* que nos distinguen de lxs demás, que nos llevan a lugares seguros, que nos invitan a estar en comodidad. Son *formas* que se viven desde las creencias o desde las *formas* en que nos educaron. Huir, pelear, congelarse, complacer, negar, censurar, manipular; son mecanismos automáticos de respuesta ante el conflicto, *formas* de afrontar los miedos, la vulnerabilidad, la incapacidad para creer o aceptar algo que no está delimitado dentro de lo esperado, de lo planeado. *Formas* que nos ayudan a funcionar como seres en la tierra, pero que a su vez nos entorpecen.

Hay una *forma* que habita en lo más profundo de nuestro ser. Una *forma* innata, de alma, que viene de la chispa divina que se manifiesta desde el primer momento en que abrimos los ojos al mundo terrenal: *El Amor.*

Las *formas creadoras* —la compasión, la comprensión, la aceptación—, brotan desde tu capacidad de amar, de amarte, de amar lo que hay a tu alrededor y lo que estás viviendo. Quién es capaz de relacionarse desde el amor con las distintas *formas* de otros seres, podrá entender y perdonar, podrá aceptar y reconocer las bendiciones ocultas. Pues cuando una tormenta llega y no se puede detener, sola se termina. Cuando una experiencia nos lleva al límite, es para ofrecernos la rendición.

Vivir desde las *formas del amor*, te dará la capacidad de reconocer lo que hay que cambiar, lo que es necesario conservar y lo que ya está listo para soltarse. Es preciso rendirse en confianza para poder descansar. Así, habremos comprendido que todo aquello que nos detiene, que nos ahoga, que no nos deja fluir, renueva nuestra vida para renacer en amor, con valor y tenacidad.

Lxs niñxs en sus diferentes *formas*, nos llevan al límite para que soltemos nuestros supuestos planes o maneras y nos rindamos hacia lo nuevo. Si el infante está llevando a los padres al límite del cansancio, esto será en busca de soltar el control, soltar las creencias, soltar todo aquello que el propix niñx con sus conductas te está invitando a hacer y a reconocer en ti. Lo único que puedes hacer es rendirte, aceptar, darle la bienvenida a los sentimientos, llorar, reír. Son lxs niñxs quienes están haciendo un servicio para renovar las formas, a eso han venido al mundo. Permite y celebra.

TODO INSTANTE ES UNA OPORTUNIDAD DE EVOLUCIÓN.

CAP 15

CARICIAS DEL ALMA

TE INVITO A QUE EN ESTA HOJA, ESCRIBAS, PINTES, ILUSTRES, DIBUJES O EXPRESES LO PRIMERO QUE SIENTES AL ESCUCHAR ESTA PALABRA. ¿A QUÉ TE RECUERDA? ¿QUÉ VIENE A TI CUANDO LA PRONUNCIAS?

RECIBE EL INSTANTE

Las *caricias del alma* son un toque tenue,
delicado, ligero que recorre tu ser.
Suave sensación que va del corazón a la piel,
que se estremece en cada poro.
Transpiras y sin darte cuenta, estás ahí,
en experiencia de amor infinito y paz celestial.
Alma que cuida, alma que toca, alma que habla.
Sólo siente.
Corazón que palpita, velocidad de espacio, luz y armonía, conexión.
Caricias divinas que a manera de sensaciones,
se presentan y expanden tu ser.
Permíteles recorrerte, acunarte el alma, guiar tu espíritu.
Son calma, templanza que aviva, simpleza que toca.
Sanación que en *caricias* llega y se manifiesta como suaves remolinos de viento, que al ser movidos por el soplido del aire, producen energía para iluminar un poblado.
Somos *caricias divinas* que estamos aquí para apoyar a que los tormentos se transformen en energía viva; en serenidad para la mente revuelta; en quietud para los pensamientos enredosos; y en sostén pare el corazón partido en pedazos.
Queremos tocarte, pasar a través de tus células y serenar tu existir.
Un toque suave regenera todo el universo.
Permítete dar y recibir las *caricias del alma*,
caricias divinas que cada palpitar de tu corazón emana.

CAP 16

RECIBE EL INSTANTE

EL EGO

TE INVITO A QUE EN ESTA HOJA, ESCRIBAS, PINTES, ILUSTRES, DIBUJES O EXPRESES LO PRIMERO QUE SIENTES AL ESCUCHAR ESTA PALABRA. ¿A QUÉ TE RECUERDA? ¿QUÉ VIENE A TI CUANDO LA PRONUNCIAS?

RECIBE EL INSTANTE

Ego en latín significa 'Yo'.

El *egoísmo* es la tendencia a ser individual.

Cuando el *ego* -el yo-, olvida que es parte de un sistema vivo y universal; se encierra en su micromundo y pierde perspectiva, pensando que lo que vive y siente es la única realidad. Es entonces cuando la persona se vuelve exigente para que el mundo se comporte como espera y toda situación que le confronte e invite a salir de su mundo, será cancelada por el *ego* que sólo desea preservar su individualidad. Cuando el *ego* deja de dialogar con la consciencia de unidad, se vuelve déspota, demandante, juicioso y condicionante; va acotando su oportunidad de evolución pues anula todo lo que es diferente.

El *ego* tiene una función, mantener un límite, preservar el ser único e irrepetible que 'Yo soy', a través del cual la vida pasa tomando formas diferenciales. El *ego* es el lugar donde puedes observar tu diseño único, para darle a lo divino una experiencia nueva de sí. Sin embargo la forma del yo debe preservar su condición dinámica, elástica, pues si se apega a una forma, entonces quedará encerrada en la repetición de lo mismo. Todo se inhala y se exhala. Todo surge y desaparece. Un *ego* sano es como el mar, produce olas diferentes para que el mar experimente las distintas tesituras de su movimiento. El *ego* es el lugar donde puedes mirarte, reconocerte, aceptarte; es un espacio individual para identificar cuál es tu verdad.

Tu verdad es tu luz.

Al encontrar la capacidad para reconocer tu verdad, el *ego* deja de existir como una barrera, abriéndole la puerta a la voluntad divina para que inicie su trabajo; permitiendo que tu ser interno se exprese sin conflicto; asumiendo lo que percibes sin rechazar tu vulnerabilidad amorosa; observando que eres una totalidad constituida por la suma del *ego* -tu particularidad-, más la consciencia de unidad -el reconocimiento de que eres parte de un universo vivo. Así tejerás tu existencia con el vaivén entre el yo y la unidad, para vivir en amor.

Es importante el balance. Tocar base con tu sentir y observar cómo las decisiones que tomas te afectan y afectan a tu entorno. Busca siempre que cada paso que des sea para tu más alto bien y el de toda la humanidad. Pues la consciencia de unidad nos recuerda que todo lo que haces por ti, son puertas que abres para otros. Si quieres cultivar una vida en amor, permite que todos tus pensamientos y acciones sean amorosos. El *ego* sólo ve la forma. El alma ve más allá de la forma y conecta con la fuente divina que hay en todo.

Ve más allá de lo que ves, obsérvate más allá de tus conceptos. Es sólo ver desde lo que *es*, desde lo que no conoces, es entrar en el vacío que te espera para que te expreses en verdad, es honrarte a ti desde el amor, sabiendo que la presencia infinita siempre te acompaña, te ilumina y te cuida.

Decide mirar tu vida desde el corazón, sin interpretarla con los pensamientos, ya que lo que está ocurriendo todo el tiempo es la vida. Disfruta cómo se manifiesta en cada instante. Enfócate en tu divinidad y así tu caminar en esta Tierra será más fácil.

LA VIDA EN CONCIENCIA
ES FLUIDA Y AMOROSA.
TÚ ERES UNA CHISPA INFINITA
DE BONDAD Y AMOR.

CAP 17

DIFI CUL TAD

TE INVITO A QUE EN ESTA HOJA, ESCRIBAS, PINTES, ILUSTRES, DIBUJES O EXPRESES LO PRIMERO QUE SIENTES AL ESCUCHAR ESTA PALABRA. ¿A QUÉ TE RECUERDA? ¿QUÉ VIENE A TI CUANDO LA PRONUNCIAS?

NO IMPORTAN LOS ALTIBAJOS,
TODO SE MUEVE.
SIENTE Y PERMÍTETE SER.

Me pregunto: ¿Por qué es *difícil*?

Mis lágrimas caen, me arrodillo, dejo de buscar respuesta y llega, en un profundo agradecimiento que exclama:

"Respira en el espacio, detente sin voltear. Deja esa creencia, vive tu experiencia, no sufras más, camina, todo ya está hecho, ya está dado y simplemente ve hacia el latir de tu existencia. Con confianza total, hoy te moverás sin miedo ni peligros, *ya nada es difícil*, confía y avanza, no hay engaños, no hay miedos, sólo seguridad. Habita tu existencia, cuídate, mímate, simplemente observa todo a tu alrededor, todo es brillo constante que te hace avanzar. Anímate y escucha lo simple. Permite que la vida pase a través y alrededor de ti. Todo es y será. Ofrenda a la tierra tus miedos. El padre divino los tomará para regresarlos a la fuente y ahora sólo siéntete. Inspira serenidad... Exhala los yugos, la fuerza, el empuje, los amarres. Cultiva la certeza, la confianza, la creatividad."

CAP 18

FLEXI BILI DAD

TE INVITO A QUE EN ESTA HOJA, ESCRIBAS, PINTES, ILUSTRES, DIBUJES O EXPRESES LO PRIMERO QUE SIENTES AL ESCUCHAR ESTA PALABRA. ¿A QUÉ TE RECUERDA? ¿QUÉ VIENE A TI CUANDO LA PRONUNCIAS?

RECIBE EL INSTANTE

La *flexibilidad* es la capacidad de entender lo divino y lo terrenal, —sin explicación o razonamiento—, simple y sencillamente como un río en su cauce, como un viento en el espacio. La *flexibilidad* es luz infinita, lista para ser tu apoyo en lo que sigue, en lo incierto. La *flexibilidad* es confianza divina, sabia y profunda que te lleva de la mano a tu interior, donde sólo tú puedes sentir calidez y seguridad.

Yo soy *flexibilidad*. Moldeable, siempre suave, lista para que de mi mano sientas paz y bienaventuranza. Me puedo estirar o acortar. Puedo dar y recibir. Brindarte confianza y abrazo en la incertidumbre, para que recibas la fluidez que soy y para la cual existo. Soy seguridad en movimiento, confianza, pulso que abre las puertas de tu corazón para brindarte guía y fortaleza, para que puedas fluir sin abandonarte al miedo. Y si sientes miedo, pregúntale: "¿Qué tiene que decirme?". Escucha su sabiduría, aviva tu voluntad y sigue fluyendo hacia adelante.

Flexibilidad _____ Seguridad
Seguridad _____ Confianza
Confianza _____ Avanzar
Avanzar _____ Sabiduría
Sabiduría _____ Amor
Amor _____ Transformación
Transformación _____ Divinidad

CAP 19

SABIDURÍA DE LA GUERRERA

TE INVITO A QUE EN ESTA HOJA, ESCRIBAS, PINTES, ILUSTRES, DIBUJES O EXPRESES LO PRIMERO QUE SIENTES AL ESCUCHAR ESTA PALABRA. ¿A QUÉ TE RECUERDA? ¿QUÉ VIENE A TI CUANDO LA PRONUNCIAS?

RECIBE EL INSTANTE

Guerrera, eres el ser que desde la confiabilidad aviva la lucha del alma. Sin detenerte caminas, sin preguntar avanzas. Con tu escudo sobre la espalda y tu lanza de amor en la mano, esperas el momento preciso para ir hacia tu objetivo, caminas sin perdele de vista y le das tu vida como muestra de avance a lo desconocido. Tú, *guerrera de luz* que has llegado a mostrarte y a mostrarle al mundo tu gran don del conocimiento interior; no detengas tu caminar, siempre estás y estarás protegida. Sólo sigue, sigue, sigue y brotará con tu valor la inspiración divina que ya *es*. *Guerrera*, magnífico ser que con disposición y presencia avivas la luz más insignificante para hacer brillar a los seres pequeños y vulnerables que a través de su estar, son y te dan protección de vida. *Guerrera de luz* la que sabe, la que observa, la que acepta, la que lucha en rendición a lo divino, la que no se rinde ante el miedo, la que sabe confiar.

La *guerrera* mira con precisión.
Mira determinante.
Su presencia conecta la sabiduría de la tierra con la del cielo.
Y es que la *guerrera* comprende, que en el pétalo de una rosa están expresados los secretos del universo.
Comprende que toda forma es una resonancia de la misma fuente.

La *guerrera* sabe ver, sabe nombrar la verdad.
La *guerrera* es presencia nítida, fuente nutricia que abraza.
La *guerrera* ve en todo, los ojos de la revelación mirándola sonriente.
La *guerrera* confía, incluso en la quietud está en movimiento.
La *guerrera* no lucha, se entrega impetuosamente a su presente.
Habita con profundidad su maestría y comprende, que el lugar más virtuoso que existe, es donde su corazón late con mayor intensidad.

¡Avívate, *tu ser guerrero* te abraza!

SABIDURÍA DE LA GUERRERA

CAP   20

QUIETUD

TE INVITO A QUE EN ESTA HOJA, ESCRIBAS, PINTES, ILUSTRES, DIBUJES O EXPRESES LO PRIMERO QUE SIENTES AL ESCUCHAR ESTA PALABRA. ¿A QUÉ TE RECUERDA? ¿QUÉ VIENE A TI CUANDO LA PRONUNCIAS?

RECIBE EL INSTANTE

La *quietud* es una caricia del alma.
Espacio amable para reposar y descansar.
Sensación de vacío, lleno de ti.
Alma que se escucha, espíritu que ocupa, no hay palabras.
Sensaciones sutiles y vibrantes que corren por las venas.
Resuenan en tu interior como campanas sin sonido,
avivando vibraciones suaves.

Quietud divina, dame espacio para escucharte,
dame presencia para estar en ti...

CAP 21

CAMINO

TE INVITO A QUE EN ESTA HOJA, ESCRIBAS, PINTES, ILUSTRES, DIBUJES O EXPRESES LO PRIMERO QUE SIENTES AL ESCUCHAR ESTA PALABRA. ¿A QUÉ TE RECUERDA? ¿QUÉ VIENE A TI CUANDO LA PRONUNCIAS?

RECIBE EL INSTANTE

Sutilidad,
vereda alegre,
precipicio,
suelos,
brecha,
majestuosos paisajes,
espacios trazados para avanzar.

Camino que señala tu estar, tu existir.
Camino que está, no se va.
Camino que espera, que guía, acompaña y orienta.
Camino simple que de la mano te cuida y despliega el lugar.

Sigue, avanza,
cree, confía que aquí estoy,
soy tu *camino*,
te llevo,
te muestro,
te oriento.

Sígueme, no te detengas.
Soy tu *camino* y te guío.
Abre tu ilusión, obsérvame que te hablo,
desde aquí, en tu interior, dirijo tus pasos.

Todas las personas tienen un *camino único*.
Si caminas la vereda de alguien más, te tropiezas.
Si caminas *tu camino*, todo lo ya dado se te revelará.
Fe y confianza en cada paso.
No temas.
Si me pierdes, llámame, nunca me voy de ti,
soy tu *camino*, sólo existo para ti.

CAP 22

TU TEMPLO

TE INVITO A QUE EN ESTA HOJA, ESCRIBAS, PINTES, ILUSTRES, DIBUJES O EXPRESES LO PRIMERO QUE SIENTES AL ESCUCHAR ESTA PALABRA. ¿A QUÉ TE RECUERDA? ¿QUÉ VIENE A TI CUANDO LA PRONUNCIAS?

RECIBE EL INSTANTE

Siente tu *templo interior*. Ahí se avivan las emociones arraigadas desde tu niñez hasta ahora. Es desde tu *templo interior* que se experimentan las nuevas emociones, ofrendándose a las aguas de la vida para que las lleven, como grandes cascadas con fuerza que se transforman en espacios cristalinos de frescura y limpieza, para otros templos necesitados de los cauces ya experimentados.

Así quien empieza, puede llegar más rápido a su luz y el objetivo de ser un *templo* para lxs otrxs se cumple: que se escuchen más seres materializando sus propósitos, caminando con fe para que la fuente del amor pueda hacer su trabajo en la tierra con mayor claridad. Al ser menos los tropiezos, serán más las almas que vibren al unísono con la luz incandescente logrando su misión.

Seres diferentes de formas únicas, que parecen indefensos pero vienen a defender el mundo, a poner calma aunque aparenten lo contrario. Se necesita de ellxs para abrir estas puertas, portales de amor y sabiduría. Sé que es un trabajo arduo, ser *templo* para ellxs, pero estamos aquí, somos varixs en este camino, ellxs necesitan relacionarse y ser acunadxs desde el amor, aceptación, entendimiento y asertividad, son hermanxs de luz.

Adelante, sin dudar. Extiende y comparte *la sabiduría de tu templo interior*. Confía en tu divina presencia, confía que siempre estás donde tienes que estar.

CAP 23

ESPACIO VACÍO

TE INVITO A QUE EN ESTA HOJA, ESCRIBAS, PINTES, ILUSTRES, DIBUJES O EXPRESES LO PRIMERO QUE SIENTES AL ESCUCHAR ESTA PALABRA. ¿A QUÉ TE RECUERDA? ¿QUÉ VIENE A TI CUANDO LA PRONUNCIAS?

RECIBE EL INSTANTE

Espacio vacío.
Lugar de amaneceres donde el sol te muestra su rayo.
En el *espacio vacío* podrás manifestar lo verdadero que hay en el cantar de
tu alma, en momentos inesperados o tiempos fuera del tiempo,
por eso siempre guarda un *espacio vacío.*
Amplio, abierto, sin forma ni fondo,
sólo espacio vacío en el que no existen emociones que detengan,
ni deseos controlados.

Espacio vacío para estar, observar y sólo escuchar.
Sitio de quietud plena, espacio de amor.
Lugar que se extiende con el latido armónico.
Espacio iridiscente que deslumbra.
Vacío donde sólo tu alma y tus sueños te habitan.

Intenta conectar con la luminosidad en ti.
Siente el vuelo que te hace girar sin peso ni forma.
Todos tus estados en presencia divina,
te hacen recuperar la fuerza y manifestar claridad.
Tómalos, lleva todo lo que sientes a este espacio.
Observa las emociones que alborotan tu ser
y trasládalas al *espacio vacío* para que se transformen en bienestar.

Este *espacio de paz* siempre está abierto.
Es un respiro que te llena del amor que buscas.

Toca tu pecho, escucha tu latir, cierra los ojos y respira.

Siente cómo vibras en el *espacio vacío* que en ti habita.
Fe, confianza y amor es lo que conforma su lenguaje.
Energía que en vibración es fuerza divina para la comprensión,
que aún tu mente no puede entender.
Mente clara, sólo en *espacio vacío.*
Sensación de calma, sólo en *espacio vacío.*

La necesidad divina, habita el *espacio vacío*.
Recuerdos del alma, entran en el *espacio vacío*.
Aquí sentirás protección.

Toca tu pecho, escucha el latir, cierra los ojos y respira.

Espacio de luz.
Amanecer divino.
Claridad infinita.
Deja todo dolor,
pregunta por todo lo que angustia,
invita a tu ser a estar y a escuchar.
Espacio vacío, respuestas perfectas a preguntas sin aparentes respuestas.
Todo está dado,
sólo escucha el latir que te habla,
el susurro que dialoga y el amor que te invade.

En *espacio vacío* nunca estarás en soledad,
estás contigo, con tu propio ser.
Encuentra el momento,
inclina la cabeza,
mira hacia adentro y te encontrarás con la divinidad que te acompaña,
ahí ha estado, siempre, dentro de ti,
en expresión y expansión.

Toca tu pecho, escucha el latir, cierra los ojos y respira.

Mar que revuelca,
ola que avanza,
tempestad que atormenta,
fuego que quema,
tierra que tiembla,
volcán en erupción,
emociones al fin,

parecen ser motivos de no merecimiento,
toma todas, colócalas abiertas sobre tu pecho
y llévalas al espacio vacío,
abre la puerta,
sopla el anhelo y transforma sus formas,
es aquí donde tu propia fuerza de amor,
en consciencia obtendrá respuestas que cambiarán el rumbo.

Timón que guía en mar abierto,
agua que aquieta el fuego que quema,
quietud que calma el terremoto interno,
así serán transformados todos los miedos y angustias,
en amor que cuida y paz que ayuda a florecer y transformar.
Siempre hay manifestaciones divinas, incluso están expresadas
en errores aparentes.

Suelta, confía.

Todo es perfecto.
Sólo *vacíate en amor infinito*,
sin buscar respuestas de mente,
deja que fluyan las respuestas del alma.

CAP 24

SOLTAR LAS EXIGENCIAS

TE INVITO A QUE EN ESTA HOJA, ESCRIBAS, PINTES, ILUSTRES, DIBUJES O EXPRESES LO PRIMERO QUE SIENTES AL ESCUCHAR ESTA PALABRA. ¿A QUÉ TE RECUERDA? ¿QUÉ VIENE A TI CUANDO LA PRONUNCIAS?

RECIBE EL INSTANTE

Aquí estoy, con ojos abiertos y muchas preguntas:
¿Por qué a mí? ¿Por qué esto? ¿Cuándo será el milagro?
Sólo *exijo*.
Son mis miedos a perder.
No tener lo esperado me atormenta.
El "qué dirán".
La posibilidad de perder a un ser amado.
No entender la enfermedad.
Querer una vida diferente a la que tengo,
culpando y castigándome, a mí, a ti, a otrxs.

Me pongo frente a ti, Dios, y te pido que lo cambies,
que no me lo merecía,
que así no era.

Te *exijo* y te digo: "¿Qué fue lo que no entendiste?"
Me tomas, me miras, me abrazas y ni siquiera te siento.
Me aferro a que lo cambies.
Te digo: "Tú sabes que así no era".
Condiciono mi amor.
Soy egoísta.
Me enojo y no me doy cuenta de que tú aquí sigues frente a mí.
Me tomas, me miras y me abrazas aún más fuerte.
Yo no te siento y sigo condicionando y *exigiendo* que todo sea diferente.

Sigues aquí frente a mí, me abrazas y aún no te siento, te he olvidado.
Pero tú sigues aquí, frente a mí,
amando mi ser,
cuidando mi alma,
esperando ese momento en el que pueda sentir y recordar
que eso que siento eres tú frente a mí,
diciéndome cuánto me amas.
Lo que está hecho no se cambiará por mí, ni por ti,
sólo lo cambiará el amor y la fe.

SOLTAR LAS EXIGENCIAS

Me miras, me abrazas y esperas que entienda,
que es la manifestación perfecta para que se cumpla el plan divino.

Esperas que entre en sintonía con la verdad en amor perfecto,
el que no busca cambios,
el que acepta y espera,
el que se rinde y cuida,
el que no clama desde el dolor.

Me miras, me abrazas y escucho que todo lo dado,
ha sido creado para que regrese a ti y retome mi camino.

Me dices y escucho:

"Amarás tanto que no buscarás controlar las cosas y cuando menos te des cuenta, todo estará lleno de paz, todo estará dentro y fuera de ti y de tus expectativas. Amarás todo como *es,* y encontrarás armonía y felicidad en tu caminar. Tú, frente a mí y yo frente a ti, unidxs en amor. Seremos fusión perfecta sin buscar ni esperar. Seremos una danza de vida eterna que nunca se acabará. La vida será un baile lleno de movimientos armónicos y ritmos cálidos que no querrás soltar. Tomarás todo desde aquí y descubrirás que esto es la felicidad".

NADA DEBE SER
DE OTRA MANERA.
TODO ES PERFECTO
EN EL AMOR INFINITO.

CAP 25

SABIDURÍA DEL SUFRIMIENTO

TE INVITO A QUE EN ESTA HOJA, ESCRIBAS, PINTES, ILUSTRES, DIBUJES O EXPRESES LO PRIMERO QUE SIENTES AL ESCUCHAR ESTA PALABRA. ¿A QUÉ TE RECUERDA? ¿QUÉ VIENE A TI CUANDO LA PRONUNCIAS?

RECIBE EL INSTANTE

En cada pensamiento, cada sensación, cada instante y cada acción, recibes movimientos que te transforman para seguir tu evolución. La *sabiduría de la aceptación,* es la capacidad de comprender estos cambios en la vida y rendirte ante ellos; viviéndolos desde el amor y confianza en el proceso divino. Si todos los aspectos de tu transformación los vives desde el amor infinito de la aceptación, no tendrás preguntas hacia los acontecimientos, únicamente respuestas en las oportunidades que estas experiencias abren.

La *sabiduría del sufrimiento* es vivir el momento, permitir que la emoción te atraviese, reconociendo que todo surge y desaparece, y el sufrimiento, es un aprendizaje en contraste.

Ni un grano de sal es insípido al gusto, así que por más mínimo o salado que esté, lo degustarás. El sabor irá disminuyendo en cuanto lo combines con la *sabiduría del corazón.* Si fuera más salado no importa, entre más sal, más que aprender.

No trates de disolverlo con pretextos o con negativas. Sólo saborea y verás que lo intenso se va degradando poco a poco. Serán las propias capacidades que se te han otorgado para degustar, las que irán abriéndote al entendimiento de su propio sabor. Esta es la sabiduría para *aceptar lo que es, lo que está y lo que será.*

Dios nunca se equivoca en darle al amor el mejor sabor.

CAP 26

HOGAR

TE INVITO A QUE EN ESTA HOJA, ESCRIBAS, PINTES, ILUSTRES, DIBUJES O EXPRESES LO PRIMERO QUE SIENTES AL ESCUCHAR ESTA PALABRA. ¿A QUÉ TE RECUERDA? ¿QUÉ VIENE A TI CUANDO LA PRONUNCIAS?

RECIBE EL INSTANTE

Hogar, zona de paz infinita que llega en manos sonoras. *Hogar*, lugar de acogimiento en donde se enseña y aprende el verbo amar. El *hogar* es un esfera que replica en la tierra el origen. Unx se habita desde ahí para producir creaciones desde el interior del ser, desde los recuerdos divinos, desde el mar de luz, el viento que sopla calidez y justicia. Es en el *hogar* donde tu infinita presencia se despliega verdadera. Donde todxs aquellos que lo habiten, vivirán desde lo que *es*.

Hogar divino, fuente de amor infinito.

CAP 27

LISTONES DORADOS

TE INVITO A QUE EN ESTA HOJA, ESCRIBAS, PINTES, ILUSTRES, DIBUJES O EXPRESES LO PRIMERO QUE SIENTES AL ESCUCHAR ESTA PALABRA. ¿A QUÉ TE RECUERDA? ¿QUÉ VIENE A TI CUANDO LA PRONUNCIAS?

RECIBE EL INSTANTE

Listones dorados.
Lazos de unión entre tierra y cielo.
Guías que palpitan en tu interior,
llenando tu corazón de habilidad para conectar con tu ser superior.

Vibración que a manera de luz pulsante,
es unión entre materia y espíritu.
Hilos de luz divina que te conectan con tu sabiduría.
Luz dorada manifestada en aura de amor divino.
Se expande en vibraciones lumínicas que te conectan con la verdad,
con la certeza, con la armonía clara y absoluta
para que recuerdes tu grandeza.

Al entrar en momentos de oscuridad, miedo e incertidumbre, ten la certeza de que la luz infinita te rodea, como un carrete de hilo o como una madeja de estambre que al entretejerse, te cubre y protege. Estira tus brazos, relaja tu cuerpo, respira profundo, recibe la plenitud y la magia de los *listones dorados* que son tu unión con la divinidad que eres.

Somos energía en evolución.
Somos energía viva, valor y voluntad.
Somos sabiduría en expansión.
Listones que envuelven,
listones que unen,
listones de amor pleno.

Sólo respira...

CAP   28

SONRISA

TE INVITO A QUE EN ESTA HOJA, ESCRIBAS, PINTES, ILUSTRES, DIBUJES O EXPRESES LO PRIMERO QUE SIENTES AL ESCUCHAR ESTA PALABRA. ¿A QUÉ TE RECUERDA? ¿QUÉ VIENE A TI CUANDO LA PRONUNCIAS?

RECIBE EL INSTANTE

La *sonrisa* es la expresión del alma que conecta con el amor.
Alivia el dolor, ilumina el corazón, sana el sufrimiento.
La *sonrisa* es agradecimiento, pureza del sentir,
muestra del ser creador, grandeza divina.

Deja que la *sonrisa* invada tu faz,
que ilumine tu rostro,
que muestre tu luz.

¡Sonríe!
Cuando *sonríes* todxs miran,
todxs danzan,
todxs cantan,
todxs sanan alrededor de quien *sonríe.*

Sonrisa, expansión de paz y calma.
Sonrisa, transparencia interior.
Sonrisa, calma mental para ver y observar la vida.

Si lloras, *sonríe.*
Si gritas, *sonríe.*
Si estás triste, *sonríe.*

Sonríe a todos los momentos,
a los amables, a los tristes,
a los complicados o difíciles.

Recuerda...
La *sonrisa* es la expansión que sana.

SONRISA

CAP 29

TU UNIVERSO

TE INVITO A QUE EN ESTA HOJA, ESCRIBAS, PINTES, ILUSTRES, DIBUJES O EXPRESES LO PRIMERO QUE SIENTES AL ESCUCHAR ESTA PALABRA. ¿A QUÉ TE RECUERDA? ¿QUÉ VIENE A TI CUANDO LA PRONUNCIAS?

RECIBE EL INSTANTE

Tu *universo.*
Tú, *universo.*

Espacio de desenvolvimiento.
Espacio de evolución para descubrir aprendizajes.
Espacio donde todo ya *es* y está dado.
Espacio para estar y tomar.
Espacio para avanzar en tu creación.
Espacio en ti, para ti y por ti.
Espacio divino y presente.
Espacio transparente y cristalino.
Espacio que late y palpita.
Espacio de amor.
Espacio para *ser* y aquietar, para escapar y encontrar.
Espacio para existir, para recoger sabiduría y después regresar a estar y dar.

CAP 30

REDES

LUMI NO SAS

TE INVITO A QUE EN ESTA HOJA, ESCRIBAS, PINTES, ILUSTRES, DIBUJES O EXPRESES LO PRIMERO QUE SIENTES AL ESCUCHAR ESTA PALABRA. ¿A QUÉ TE RECUERDA? ¿QUÉ VIENE A TI CUANDO LA PRONUNCIAS?

RECIBE EL INSTANTE

Existen distintos tipos de *redes*.
Las *redes* que atan.
Las *redes* que sostienen.
Las *redes* que nos conectan.

A veces te encuentras atadx en tus *redes*, pensamientos de miedo, situaciones que presentan acantilados que parecen no terminar; hondos son sus espacios y lejanas sus superficies, parece que nunca saldrás de ahí. Son *redes* que enredan, que aprietan, que molestan, no dejan respirar. Son *redes* que sin darte cuenta has creado. Manifestaciones de los pensamientos que tejen espejismos, fantasías y distorsión; pensamientos de impotencia que no ayudan a abrirte; pensamientos que presionan: "Necesitas llegar", "Te hace falta esto o aquello".

¡Despierta del sueño que te has creado!
Incertidumbres, control, juicios es lo que te ha enganchado.
Esa no es tu verdadera realidad.
La verdad está en la fuente divina que eres y de la que emanan los *hilos de luz dorada*. Esos hilos tejen la materialidad amorosa para vivir una vida plena. Teje tu realidad desde esa fuente luminosa. Recuerda y acciona desde la luz y para la luz, que con su energía crea, soluciona y atraviesa cualquier oscuridad. Las *redes luminosas* están siempre a tu servicio. Cuando sientes el rayo más sutil, se ilumina toda la red para deshacer cada nudo. Pide asistencia a las *redes luminosas*, así serás guiadx por el amor que ilumina el espacio y encontrarás la solución para desprenderte de todas las ataduras.

Luz divina de amor, recuerdos habitados en tu espíritu antes de habitar materia. Luz que señala el camino, luz que da calma y sosiego, luz ardiente que vibra en el alma,
luz que entiende, luz que cuida.
Mira la luz y podrás entender,
que en cada enredo hay una gran luz que te ilumina,
una bendición oculta.

REDES LUMINOSAS

Luz dorada, amor, sabiduría.
Luz dorada, la veo, la ves, nos ve.
La luz jamás nos pierde de vista.

Yo soy luz, tú eres luz, somos unx en la luz de la eternidad.
Calma, quietud, desde el amor saldrás de tus propias redes.
Redes que iluminan situaciones para ordenarlas,
creaciones de espacios para salir con sabiduría y aprendizaje.

Redes doradas que sostienen e iluminan tu camino.
Tómalas, llévalas contigo y seran tu ayuda y apoyo.
Somos redes de luz en la vida.
No te enredes, sólo juega y regresa a la fuente que ya *es.*

SI TE SIENTES ENREDADX
SÓLO PONLE LUZ
AL MOMENTO
Y ATRAERÁS
SU SABIDURÍA.

CAP 31

SOMOS

TE INVITO A QUE EN ESTA HOJA, ESCRIBAS, PINTES, ILUSTRES, DIBUJES O EXPRESES LO PRIMERO QUE SIENTES AL ESCUCHAR ESTA PALABRA. ¿A QUÉ TE RECUERDA? ¿QUÉ VIENE A TI CUANDO LA PRONUNCIAS?

RECIBE EL INSTANTE

Luz de Luna _____ Espíritu
Atardecer Soleado ____ Tierra
Amor Infinito _____ Unión

Tres estados del ser para estar y crecer en luz.
Todxs en unx y unx en la tríada,
que nos lleva a experimentar la paz infinita.
Somos tres caras de la existencia: vibración, peso y bienestar.

Por medio de la vibración, nos comunicamos.
Por medio de la materia, sentimos.
Por medio del bienestar, recibimos.

Tres armonías iguales que en un sutil movimiento, otorgan el sentir de la misión, el don y la mentalidad para tu existencia. Siempre presentes, sin resistencia. Como aves en vuelo o peces en el océano. Revueltxs, reunidxs, lejanxs, contiguxs; somos presencia de seguridad, de cuidado, de armonía que abre y cierra el entendimiento, sin detener las pulsaciones, la necesidad de afrontar, avivar y avanzar.

Padre Divino, permítenos ser manifestaciones luminosas que transforman en presente; como remolques que empujan, como fuegos que arden y viento que sopla en sentido hacia la luz. Déjanos inflamarte el corazón, vibrar en tu alma, manifestarnos en tu existencia. *Somos* guías, maestrxs y cuidadorxs en el largo camino de la vida.

Luz de luna que ilumina cada noche,
atardecer que ayuda al descanso
e infinito amor que no te dejará solx.

Espíritu – Tierra – Unión.

Fui – Soy – Juntxs estamos, juntxs venimos, juntxs regresamos.

Luna – Sol – Juntxs vivimos.

Femenino – Masculino – juntxs creamos.

Amor – Ser – Divinidad.

Siempre – Nunca.

Todo – Nada.

Vacío fértil y completo.

YA SOMOS

CAP 32

MANOS QUE TOCAN

TE INVITO A QUE EN ESTA HOJA, ESCRIBAS, PINTES, ILUSTRES, DIBUJES O EXPRESES LO PRIMERO QUE SIENTES AL ESCUCHAR ESTA PALABRA. ¿A QUÉ TE RECUERDA? ¿QUÉ VIENE A TI CUANDO LA PRONUNCIAS?

RECIBE EL INSTANTE

Somos *dos manos en unidad*:
para expresar, dar, tomar, tocar, sostener y soltar.
Somos parte de tu cuerpo, unidas por el centro,
vamos a donde nos dirijas y obedecemos tus mandatos.
Somos expresión de tu interior,
somos baile que mueve,
somos movimiento que crea,
estamos y expresamos en expansión.
Abrimos espacios, cerramos abismos,
tocamos praderas y somos manifestaciones de tu sentir.

Las *manos* suben, bajan, jalan, empujan,
llevan traen, sostienen, sueltan.
Somos guías en el camino,
sencillez en movimiento, ternura en dilatación.

El Padre Divino, con sus *manos* tomó arcilla de las manos del ángel y
creó al humano a su imagen y semejanza. En calidad de beneficiarios
y bendecidos de la creación divina, ahora nos toca usar nuestras *manos*
para esculpir una vida llena de amor infinito y así ser la expansión de su
divinidad.

Esculpimos amor, serenidad, respeto, calma, aceptación, quietud, ternura, sinceridad, cuidados. Construimos tocando. Toquemos nuestro
corazón para que podamos tocar los corazones de otrxs. Mostremos el
poder divino, expresado en extremidades abiertas que dan y reciben.

CAP 33

DESCANSO

TE INVITO A QUE EN ESTA HOJA, ESCRIBAS, PINTES, ILUSTRES, DIBUJES O EXPRESES LO PRIMERO QUE SIENTES AL ESCUCHAR ESTA PALABRA. ¿A QUÉ TE RECUERDA? ¿QUÉ VIENE A TI CUANDO LA PRONUNCIAS?

La luna canta e ilumina de platino tu espacio,
para que puedas relajarte y soltar.
Descanso, quietud en el tiempo,
mente que juega con recuerdos vívidos,
espíritu que trae memorias del tiempo originario.
Sincronía entre inhalación y exhalación.

Órganos en reparación, neuronas jugando y creando ideas,
avivando mecanismos creativos.
Intuición que alimenta, sutilidad en el sentir,
alma que cuida, cuerpo quieto que viaja.
Pocos movimientos, relajación total.

Reparación divina, mensajes, música del alma
que lleva a los sentidos experiencias importantes
para un nuevo despertar.
Explosión de cambios que como campanas,
resuenan sin que sean sentidas ni percibidas por tu ser consciente.

Descanso, necesidad humana que renace en experiencias que se dan
por sí mismas, desde un lugar que conocen sin la consciencia vigilante.
Descanso, alimento que aviva el alma y que le da el oportuno momento
para escuchar su espíritu y así convertirse en experiencia sutil
para ser vivida y recreada durante el día.
Descanso, no sólo dormir: aprender, aquietar, alimentar,
cuerpo y alma que juntos, dan experiencia de vida.

CAP 34

¿QUÉ QUIERES PARA TI?

TE INVITO A QUE EN ESTA HOJA, ESCRIBAS, PINTES, ILUSTRES, DIBUJES O EXPRESES LO PRIMERO QUE SIENTES AL ESCUCHAR ESTA PALABRA. ¿A QUÉ TE RECUERDA? ¿QUÉ VIENE A TI CUANDO LA PRONUNCIAS?

RECIBE EL INSTANTE

¿Qué quieres para ti?
¿Ser materia únicamente o ser espíritu únicamente?
No se puede, juntxs avivamos la presciencia de la creación.

Somos juntxs, construyendo en el aquí y ahora.
Somos el presente que necesita de nuestra unión,
para maninfestar la potencia del ser.

Escoge siempre lo que está en presente,
ahí está la llave para la unidad.

CAP 35

YO PUEDO

TE INVITO A QUE EN ESTA HOJA, ESCRIBAS, PINTES, ILUSTRES, DIBUJES O EXPRESES LO PRIMERO QUE SIENTES AL ESCUCHAR ESTA PALABRA. ¿A QUÉ TE RECUERDA? ¿QUÉ VIENE A TI CUANDO LA PRONUNCIAS?

RECIBE EL INSTANTE

No puedo.
Falsa actitud que no permite avanzar.
Unido a ti, está tu poder.
Tu capacidad de seguir tus habilidades.
Tu fuerza creadora, instinto de vida.
No puedo.
Existencia de pereza, pesimismo, actitud cómoda, no eres tú.

El *poder* se te otorgó, tú lo llevas,
lo tienes, lo creas o no, está en ti.
Fuiste creadx con el *poder de la luz*,
con la fuerza de un soplido,
con la sutileza de una mano divina,
con el amor eterno, este es tu gran *poder*.

El *poder* lo tienes, lo eres, sólo úsalo, recuérdalo,
deja que circule por tus venas,
que oxigene tus órganos,
que le de chispa a tus neuronas,
que te permita caminar, sentir, vibrar, y alcanzar tus metas.

Actitud de poder es igual a *poder*, potencia.
Poder es creer en lo que ya está hecho,
en lo que ya está dado,
en lo que ya está en tu interior.

Poder para subir y *poder* para bajar.
Para alcanzar la cima hay que ver, ahí, donde está la luz,
donde están las estrellas.
Si quieres llegar, necesitas usar tu *poder*.
Esa fuerza divina que está en tu plexo solar.
Usa tu poder, exclama: *¡YO PUEDO!*
La vida jamás te presenta algo con lo que no puedes.

En el camino encontrarás sombras,
baches e incluso cadenas que te harán sentir que tu *poder* se acaba.
Confía.
La vida te dio un *gran poder* que es irrevocable,
infinito y renovable.
Está en ti, es tan grande que pudiste nacer, crecer, vivir y más.

No hay final en tu *poder*, el final lo creas tú, pronunciando: *No puedo.*
Cómodx, cobarde y egoísta.
Manifestación de una mente sin valor de ir hacia adelante.
El principio y el final está en tu actitud de *poder*.
Simplemente actitud.
Voluntad de vida.
Tu poder es ilimitado.

YO PUEDO.
YO TENGO EN MÍ,
TODO LO QUE NECESITO
Y MÁS.

CAP 36

ÁNIMO

TE INVITO A QUE EN ESTA HOJA, ESCRIBAS, PINTES, ILUSTRES, DIBUJES O EXPRESES LO PRIMERO QUE SIENTES AL ESCUCHAR ESTA PALABRA. ¿A QUÉ TE RECUERDA? ¿QUÉ VIENE A TI CUANDO LA PRONUNCIAS?

Ánimo: más que una emoción, es un sinónimo de amor en movimiento hacia tu propio encuentro.

Ánimo: sintonización,
armonía de un sentimiento que empuja hacia adelante.

Ánimo: sincronía entre lo que se aquieta y lo que se mueve, orquesta de acciones que ayudan a que entiendas que puedes y eres capaz de lograr eso en lo que no crees o dudas.

Ánimo: te invita a entrar en una sintonía interior que aviva tu ser, tu alma, tu espíritu, para reconocer de manera clara que en ti y alrededor de ti, ya está lo que necesitas.

Ánimo: palabra simple, certeza infinita, fuerza que empuja, seguridad para avanzar, sutileza al pronunciar tu verdad. Escucha su eco, llévala siempre, repítela y verás que entra en ti su gran fuerza creadora.

Ánimo: aliento de vida.

CAP 37

VIVENCIA

TE INVITO A QUE EN ESTA HOJA, ESCRIBAS, PINTES, ILUSTRES, DIBUJES O EXPRESES LO PRIMERO QUE SIENTES AL ESCUCHAR ESTA PALABRA. ¿A QUÉ TE RECUERDA? ¿QUÉ VIENE A TI CUANDO LA PRONUNCIAS?

RECIBE EL INSTANTE

Vivencia: experiencia sincrónica con una realidad eterna.

Desde el espacio vacío y la nada creadora, se da un movimiento para que sientas que mediante un toque de vibración, hay una sensación que se manifiesta con una atmósfera, una emoción y un pensamiento.

Vivencia: interpretación de la experiencia que depende de tu unión con tu interior. ¿Desde dónde vives tu mundo? ¿desde emociones que atormentan o que aquietan tu ser?

El mundo toma la forma de tu vivencia, es un reflejo de tu interior.
Para vivir una vida diferente recibe el instante,
sólo vívelo sin exigencias ni expectativas, acéptalo como es.

Tú eres la propia *vivencia.*
Tú eres la capacidad de observación y significado.
Eres libre.
Tienes la libertad de observar tus vivencias y hacerlas existir
desde el plano que quieras.
El ejemplo lo tienes, lo sabes, lo sientes.

Vive desde el amor infinito, desde donde se te ha creado.

CAP 38

LAS ALAS DE UN ÁNGEL

TE INVITO A QUE EN ESTA HOJA, ESCRIBAS, PINTES, ILUSTRES, DIBUJES O EXPRESES LO PRIMERO QUE SIENTES AL ESCUCHAR ESTA PALABRA. ¿A QUÉ TE RECUERDA? ¿QUÉ VIENE A TI CUANDO LA PRONUNCIAS?

RECIBE EL INSTANTE

Las *alas de un ángel* no son para volar,
son la manifestación de sabiduría.

Grandes seres alados, sabios consejeros,
cuidadores, guardianes que siempre están a tu lado.
Con sus grandes alas te cubren para no caer.

Te abrazan cuando lloras. Te llenan de amor infinito.
Te dan pequeños empujones para que te levantes.
Secan tus lágrimas, acarician tus cabellos, te acunan y abrazan,
te ayudan a aquietarte en los momentos de desánimo.

Las *alas de un ángel* te muestran su fuerza divina,
su fortaleza infinita, su templanza y su gran ternura.
Son caricias para tu alma, quietud infinita, recuerdo de paz.

Si alcanzas a sentirlas, serán tus aliadas.
Pues siempre hay un ángel con sus alas abiertas cerca de ti,
para darte eso que necesitas.

Las *alas de un ángel* son simpleza, quietud, experiencia de amor.
Sólo cierra los ojos y pídeles que te abracen.

Arcángel Gabriel

CAP 39

MIRADA INFINITA

TE INVITO A QUE EN ESTA HOJA, ESCRIBAS, PINTES, ILUSTRES, DIBUJES O EXPRESES LO PRIMERO QUE SIENTES AL ESCUCHAR ESTA PALABRA. ¿A QUÉ TE RECUERDA? ¿QUÉ VIENE A TI CUANDO LA PRONUNCIAS?

RECIBE EL INSTANTE

Mirada Infinita,
horizonte de posibilidades,
lugar invisible a los ojos humanos,
espacio sagrado de verdades creadas por sonidos y colores
que avivan el percibir y el cantar de las acciones.

Mirada Infinita,
siempre segura,
habla verdades,
suena en armonía
y aquieta los miedos.

Soy *Mirada Infinita,* no temas, no tengo principio ni fin; simplemente existo para observar con claridad y estar en la existencia, en magnificencia abrupta que abre caminos y cierra abismos. Soy existir, te mueves conmigo y te acompaño hasta lo más profundo de tu visión.

Soy espejo del alma, cristal translúcido que muestra, aclara y aviva el corazón quebrantado. En una situación difícil tómame y reconoce que somos una. Desde aquí, encontrarás respuestas claras.

No soy tus ojos, soy tu verdad.
Te acerco a lo que no alcanzas
y te alejo de lo que te detiene.

Abrazo de amor en *Mirada Infinita.*

CAP 40

RECIBE EL INSTANTE

PEQUEÑAS PREGUNTAS

TE INVITO A QUE EN ESTA HOJA, ESCRIBAS, PINTES, ILUSTRES, DIBUJES O EXPRESES LO PRIMERO QUE SIENTES AL ESCUCHAR ESTA PALABRA. ¿A QUÉ TE RECUERDA? ¿QUÉ VIENE A TI CUANDO LA PRONUNCIAS?

RECIBE EL INSTANTE

Pequeñas preguntas. Movimientos vibratorios que se despliegan en momentos donde las frecuencias se muestran en desorden, adormecidas, fuera de la seguridad dada desde el inicio del existir.

Pequeñas preguntas. Ansiedad de resultados inmediatos, a acontecimientos que aparecen sin ser planeados o deseados. Miedos que atormentan y no permiten creer en lo que está plasmado y aconteciendo en lo más íntimo.

Pequeñas preguntas. Momentos desesperados que buscan cambiar lo que es, en favor de una aparente seguridad creada por la razón de la existencia.

Cuidemos las *pequeñas preguntas* y llevémoslas a respuestas simples que difuminen los caminos forzados, no dados de manera natural.

Pequeñas preguntas, necesarias e importantes, no esperes respuestas que se manifiesten desde la mente rígida o los espacios de ilusión.

Abrázalas, hazlas, suéltalas y deja que sean ellas quienes traigan a ti lo que es mejor en el orden universal. Déjalas fluir y serán resueltas en sabiduría y amor.

Pequeñas preguntas, necesarias para aprender y desarrollar la armonía entre el ser y el espíritu.

CAP 41

CLARIDAD

TE INVITO A QUE EN ESTA HOJA, ESCRIBAS, PINTES, ILUSTRES, DIBUJES O EXPRESES LO PRIMERO QUE SIENTES AL ESCUCHAR ESTA PALABRA. ¿A QUÉ TE RECUERDA? ¿QUÉ VIENE A TI CUANDO LA PRONUNCIAS?

RECIBE EL INSTANTE

Claridad: líquido cristalino que corre en el interior, llevando luminosidad a cada espacio del ser; avivando sentimientos y convirtiéndose en el más preciado material creador.

Claridad: agua viva que recorre el ser de extremo a extremo, recreando una sensación de bienestar, recordándote quién eres y de dónde vienes, sin detener su recorrido ni aquietar sus cauces.

En mí va tu vida y tu realidad,
sin que estés en consciencia de que te limpio y purifico en mi andar.

Soy agua que acaricia cada uno de los estadios,
soy misterio divino,
soy recorrido de paz,
soy frescura que da vida en cada instante vivido.

Siente mi fluir refrescar tu ser.
Transparentar cada uno de los sentimientos para tocar tu alma,
y así recuerdes, quién eres y lo que puedes hacer.

Permíteme fluir para que avive el amor en ti.
Déjame recorrer y avivar tu existir.
Soy agua en vida, vida en agua, fusión perfecta.
Soy manantial que aviva tu ser.

CAP 42

TOR MEN TAS

OSCURAS

TE INVITO A QUE EN ESTA HOJA, ESCRIBAS, PINTES, ILUSTRES, DIBUJES O EXPRESES LO PRIMERO QUE SIENTES AL ESCUCHAR ESTA PALABRA. ¿A QUÉ TE RECUERDA? ¿QUÉ VIENE A TI CUANDO LA PRONUNCIAS?

Atrapadx estoy en un lugar sin luz,
donde el miedo me recoge y la oscuridad me nubla.
No sé si volveré a ver la luz
o si dejaré de escuchar los truenos que abruman todo mi ser.

Corazón que se estremece ante una situación extrema
que ruidosa y oscura, se apodera de ti.
Momentos estruendosos que manifiestan angustias y miedos
de los que parece nunca saldrás.

Sólo son instantes que parecen eternos.
Respira.
Confía.
Déjate llevar por el fluir.
Después de las tempestades la calma llega,
llenando tu ser de quietud y claridad.

Las inspiraciones aparecerán de nuevo
y mágicamente nutrirán tu existir,
recordándote que después de tormentas oscuras
la calma se acerca, abraza, aclara
y vuelve a inspirar la vida.

Amén.

CAP 43

RECHAZO /

ACEP
TA
CIÓN

TE INVITO A QUE EN ESTA HOJA, ESCRIBAS, PINTES, ILUSTRES, DIBUJES O EXPRESES LO PRIMERO QUE SIENTES AL ESCUCHAR ESTA PALABRA. ¿A QUÉ TE RECUERDA? ¿QUÉ VIENE A TI CUANDO LA PRONUNCIAS?

RECIBE EL INSTANTE

Rechazo: particularidad humana, singularidad del miedo, egoísmo, admisión de lo fácil, de lo vano, de lo que no ves. Quiste que se engancha a tu baja capacidad vibratoria y no te deja ver. Sentimiento de culpa, corazón invisible, torrente de miedos que permites que fluyan en tu interior.

Abraza el *rechazo*, deja que se manifieste y después déjalo ir.
Suéltalo y verás que se iniciarán nuevas sensaciones como la *aceptación*.

La *aceptación* es necesaria para que fluyan nuevas emociones.
Permitir sin controlar.
Lo que ya *es* y lo que ya *está*,
simplemente es lo mejor para tu ser.

Si *aceptas*, recibes lo que se te da.
Si *aceptas* desde el amor,
dejarás que cada cosa, situación y momento
se manifiesten de la forma para la que fueron creadas.

Sin preguntas,
sin miedos,
sin desánimo.
Permitiendo que las vibraciones en amor
sean los cauces que te guíen en esta experiencia,
en esta particularidad de la vida.

Rechazo o *Aceptación.*
Tú decides.
Es tu libre elección.

Aceptar desde lo que es,
desde lo que está manifestado,
desde la divinidad donde fue creado.

Aceptar no es entender,
es dejar que todo sea como *es*.

El humano necesita que todo le sea explicado.
Aceptar no tiene explicación,
la solución no es la que tu mente o tu razón buscan,
es simplemente tomar en tu vida lo que se te da,
de la forma que se te da y darle vida, aunque no lo entiendas.

La *aceptación* reconoce que todo es perfecto,
que lo que llega está diseñado de la mejor manera
para que recibas los aprendizajes,
pues todo está siendo de manera sincrónica
con el objetivo divino para lo que fue creado.

Todo es perfecto desde la mirada divina,
hasta la mirada humana, la que distorsiona y sufre.
La solución a todos los conflictos y situaciones es aceptar.

ACEPTAR ES *AMAR.*

CAP 44

RECIBE EL INSTANTE

SOBRES CERRADOS

TE INVITO A QUE EN ESTA HOJA, ESCRIBAS, PINTES, ILUSTRES, DIBUJES O EXPRESES LO PRIMERO QUE SIENTES AL ESCUCHAR ESTA PALABRA. ¿A QUÉ TE RECUERDA? ¿QUÉ VIENE A TI CUANDO LA PRONUNCIAS?

RECIBE EL INSTANTE

Sobres cerrados, dobleces del alma,
guardan mensajes que vienen de lejos
para recordar que eres como las flores,
suaves y perfumadas que alegran y avivan momentos pasados.

Despliega las partes que revelan su interior.
Encuentra la belleza reflejada,
simple y sencilla,
con escritos invisibles a ojos que no quieren ver
y visibles a corazones abiertos.

Toca y vibra con cada revelación plasmada en su interior.
Abre, desdobla y encuentra canciones que en armonía,
revelan lecciones dadas para ser escuchadas en instantes perfectos.
Hay momentos cuyo sentido se revela
en un momento insospechado.
La vida es un tejido perfecto, no lineal.

En *sobres cerrados* la vida se da,
entra y exalta lo que pasó desapercibido.
Sin miedo ni llanto,
despega esquinas,
desdobla y encuentra la magia divina.

Dentro de todo hay mensajes guardados,
bendiciones ocultas que confiando y fluyendo encontrarás.

Es simple y sencillo,
sólo abrir, entrar y contemplar es suficiente.

INTENTA AQUIETARTE
Y SÓLO SENTIR,
ASÍ OBTENDRÁS
MENSAJES DE AMOR.

EN *SOBRES CERRADOS*
QUE CADA INSTANTE
ENTREGA.
LA PAZ ENCONTRARÁS.

CAP 45

RE CONÓ CETE

SER DIVINO

TE INVITO A QUE EN ESTA HOJA, ESCRIBAS, PINTES, ILUSTRES, DIBUJES O EXPRESES LO PRIMERO QUE SIENTES AL ESCUCHAR ESTA PALABRA. ¿A QUÉ TE RECUERDA? ¿QUÉ VIENE A TI CUANDO LA PRONUNCIAS?

RECIBE EL INSTANTE

Ser celestial que en tierra estás cumpliendo tu misión para regresar.
No dudes, no temas que solx no estás.
La chispa divina habita en tu ser, te ayuda a caminar.
Divino ser *ya eres*.
Divino ser siempre *serás*.

Sólo necesitas sentir y creer que eso que eres, ya es tu divinidad.
No importa qué pienses, quién seas o qué hagas,
todo eso que eres representa tu divinidad.
Será necesario amarte cada día más y más,
para reconocer que todo ya está en ti.

Recuerda los ejemplos ya dados en las historias de vidas divinas.
Lxs maestrxs ascendidxs.
En esos seres verás lo más perfecto y amoroso de la vida,
expresado en armonía plena,
comprensión que calma,
compasión que entiende y sobre todo en perdón que alivia.
Estos son valores innatos en todos los *seres divinos* como tú.

No temas reconocerte un *ser divino*,
decide sentirlo, eres un *ser divino* por tu simple existir.

Divinidad en tu cuerpo perfecto que clama por ti,
en tu alma plasmada de amor y quietud,
en tu ser que vive, disfruta, recibe y da.

Divinidad que aviva un amanecer y se reconoce en un largo anochecer.
La noche y el día tienen un ritmo perfecto
y en ti está esa sabiduría divina.
Recibe siempre la gracia de la mañana,
no te quedes en la cama del dolor si el día ya amaneció.

RECONÓCETE UN SER DIVINO

Naciones enteras luchando entre sí están,
sin darse cuenta que ese vivir no fluye ni calma al ser en su sufrir.
Tú eres un *ser divino*,
no dudes que al vivir en divinidad,
dado será tu fluir.

No temas ni llores,
confía en tu existir luminoso,
pues te fue dado desde antes de tu devenir.

CUIDA Y ENSEÑA
A TU SER A FLUIR.
AYUDA A OTRXS
A ENCONTRAR SU SENTIR.
CONFÍA Y RECONÓCETE
EN TU *SER DIVINO*,
ESTE SERÁ TU REGALO
PARA VIVIR.

CAP 46

ESFERAS
DAN ZAN TES

TE INVITO A QUE EN ESTA HOJA, ESCRIBAS, PINTES, ILUSTRES, DIBUJES O EXPRESES LO PRIMERO QUE SIENTES AL ESCUCHAR ESTA PALABRA. ¿A QUÉ TE RECUERDA? ¿QUÉ VIENE A TI CUANDO LA PRONUNCIAS?

RECIBE EL INSTANTE

Esferas danzantes, formas en vibración,
para conectar con la luz que ilumina
la quietud del espacio que habitas.

Movimientos sutiles que se sienten
en diversidad de siluetas y texturas,
expresando la necesidad de renovar
el equilibrio dentro del vacío.

Energías que avivan,
espacios que manifiestan y aquietan.

Somos *esferas danzantes*,
movimiento sutil de amor y quietud que venera al cuerpo.
Sistemas del alma que resuenan en el interior,
y se manifiestan hacia afuera.
Danzamos, cuidamos y sanamos,
emociones y sensaciones que alteran tu ser.

Llevamos tensiones a lugares vacíos
para que regresen a la fuente de luz.

Transformamos sombras en ventanas abiertas.
Somos estabilidad en frecuencia que vibra y se va.

Simples esferas de colores y formas,
que transforman sistemas bloqueados.

Millones de esferas que en orden divino
movemos la mente,
envolvemos los cuerpos,
damos sosiego a las emociones
para expandirlas en movimientos divinos.

Cuidamos caminos,
abrimos espacios,
somos movimiento transformador,
somos luz en movimiento,
energía que baila,
oasis de amor.

CAP 47

RECIBE EL INSTANTE

OJOS CERRADOS

TE INVITO A QUE EN ESTA HOJA, ESCRIBAS, PINTES, ILUSTRES, DIBUJES O EXPRESES LO PRIMERO QUE SIENTES AL ESCUCHAR ESTA PALABRA. ¿A QUÉ TE RECUERDA? ¿QUÉ VIENE A TI CUANDO LA PRONUNCIAS?

RECIBE EL INSTANTE

Con *ojos cerrados* habitas tu ser,
tu alma te habla y en ti te adentras.

Es un recorrido a lo que *es*,
más allá de lo que has vivido.

Serenidad, latidos,
frecuencias, sonidos,
son el lenguaje de tu ser.

Recuerdos distantes que encajan en ti,
suspiros del alma,
llamados divinos.

Con los *ojos cerrados* y el alma abierta
regresas a casa, a espacios sagrados.
Cerremos los ojos, entremos ahí,
descanso de la mente y cuerpo,
escucha del alma.

Encuentra mensajes divinos en el espacio sonoro,
en las visiones interiores, en los sueños profundos.

Habita tu alma con *ojos cerrados*.

CAP   48

RECIBE EL INSTANTE

¿QUÉ DIGO CUANDO HABLO?

TE INVITO A QUE EN ESTA HOJA, ESCRIBAS, PINTES, ILUSTRES, DIBUJES O EXPRESES LO PRIMERO QUE SIENTES AL ESCUCHAR ESTA PALABRA. ¿A QUÉ TE RECUERDA? ¿QUÉ VIENE A TI CUANDO LA PRONUNCIAS?

RECIBE EL INSTANTE

Palabras que de manera casual se hablan sin decir nada.
Repeticiones constantes que se escuchan sin sentido.
Todas estas palabras sólo pasan y no transforman.
Sólo suenan y hacen ruido.
Sólo angustian o atacan.
No apoyan ni ayudan ni dan.

Sólo las palabras reveladas,
las que vienen de tu unión con el amor que eres,
son las que con sentido y claridad,
abren senderos y avivan espacios,
ordenan y calman.

Las palabras reveladas del alma,
llevan en cada pronunciamiento la armonía del amor.
Son palabras entregadas,
para cumplir con un mensaje de sabiduría.

Siempre que busques palabras que calmen,
no te ofusques, sólo escúchate antes de hablar.

Que tu palabra siempre cuide y lleve a un bienestar.
Escucha los sonidos luminosos con el alma,
te ofrecen palabras de aliento para los demás.

Somos *palabras luminosas* que vibramos en unión,
desde universos lejanos.
Y en oraciones claras,
traemos a ti lo que es preciso pronunciar.
Entramos en ti como sabios ritmos
para que puedas construir palabras que calmen,
palabras que cuiden,
palabras que amen.

Tu mente no sabe buscarnos adentro,
ella sólo resuelve sin escucharte.

Tu alma nos escucha,
tu ser nos manifiesta en palabras llenas de amor.

No les digas, ni te digas,
primero escucha, siente y cuida.

HABLA CON AMOR,
DESDE EL AMOR
Y PARA EL AMOR.
NO NECESITARÁS MÁS.

CAP 49

ALÉRTATE

TE INVITO A QUE EN ESTA HOJA, ESCRIBAS, PINTES, ILUSTRES, DIBUJES O EXPRESES LO PRIMERO QUE SIENTES AL ESCUCHAR ESTA PALABRA. ¿A QUÉ TE RECUERDA? ¿QUÉ VIENE A TI CUANDO LA PRONUNCIAS?

RECIBE EL INSTANTE

¡No dejes que nada te detenga!
¡La vida llegó!

Ahora que sientes,
ahora que vives,
respira y observa.

Alerta a tus sombras que la luz llegará.

Un ser presente y atento siempre resuena con lo que *es*.
El llamado es sencillo, escucha, haz contacto con el alma.

Humano subiendo una cuesta, así la vida se te va.
Cuando la mente está revuelta, el devenir de su acción debe cesar.

Escucha presente en el vacío.
Sigue la sonrisa en la simpleza de la vida.
La vida resuena sin perder el camino.

Tu encuentro en la tierra en alerta te pondrá.
La vida sorprende en acciones de amor y verdad.

Recuerdos del alma, historias plasmadas en tu eternidad.
No olvides, recuerda que la verdad te alerta y en ti está.

CAP 50

¿QUÉ HAY MÁS ALLÁ?

TE INVITO A QUE EN ESTA HOJA, ESCRIBAS, PINTES, ILUSTRES, DIBUJES O EXPRESES LO PRIMERO QUE SIENTES AL ESCUCHAR ESTA PALABRA. ¿A QUÉ TE RECUERDA? ¿QUÉ VIENE A TI CUANDO LA PRONUNCIAS?

RECIBE EL INSTANTE

¿Qué hay más allá?

Espacio, tiempo, energía,
vibración, quietud, vacío, todo.

Estados diferentes en energías
que se unen hacia un bien perfecto.

Simples y dulces sensaciones que atraviesan
universos y galaxias en un viaje al todo infinito.

Suaves brisas de colores brillantes,
ondas sonoras que armonizan el viaje.

Sincronía de almas danzando,
espíritus eternos iluminando los caminos.

Al final sólo hay amor y divinidad.

Si quieres llegar,
sólo ámate y manifiéstate en amor
hoy y siempre.

CAP 51

LUGARES DE ENSUEÑO

TE INVITO A QUE EN ESTA HOJA, ESCRIBAS, PINTES,
ILUSTRES, DIBUJES, EXPRESES O DESCRIBAS
TU LUGAR DE ENSUEÑO

RECIBE EL INSTANTE

Lugares de ensueño.

Espacios para encontrar quietud y paz.

Espacios creados para que entres y recuerdes lo que eres.

Universo de amor para que puedas amarte y amar en abundancia.

Vacío eterno para descansar y crear.

Maravilloso sitio en tu interior para estar y descansar.

Vibraciones que te llevan a sueños profundos.

Sueños de infinitud, eternidad, cielo, firmamento y luz.

CAP 52

¿QUÉ ME DICE LA VIDA?

TE INVITO A QUE EN ESTA HOJA, ESCRIBAS, PINTES, ILUSTRES, DIBUJES O EXPRESES LO PRIMERO QUE SIENTES AL ESCUCHAR ESTA PALABRA. ¿A QUÉ TE RECUERDA? ¿QUÉ VIENE A TI CUANDO LA PRONUNCIAS?

RECIBE EL INSTANTE

¿Qué me dice la vida?

Recibe el instante, este instante.

Eres encuentro de posibilidades en materia,
sensaciones para crear en cada momento,
nuevos y amplios espacios de paz y generosidad.

Cuando tomas la vida,
te conviertes en un canal puro que aviva y guía
a los seres que requieren reconectar con la fuente de vida.

Cuando reconocemos y amamos la vida,
logramos manifestar una conjunción de creaciones universales.

La vida se manifiesta en el ser y en la materia,
multiplicando lo más prístino y divino de uno mismo
ante lo absoluto de la existencia.

La vida es un camino de transformación y trascendencia
en amor incondicional.
Es nacer y verter raíces para crear hojas y frutos a cada instante.
Renacer en formas que avanzan y evolucionan,
ayudando a que otrxs respiren vida al ser observadxs y así
transformen, experimenten y florezcan su manifestación divina,
hasta que la expresión de la materia muera
y nuevamente se retome en vida eterna.

La vida es espacio sagrado en materia y vida eterna en espíritu.

CAP 53

COLORES DE LA INFANCIA

TE INVITO A QUE EN ESTA HOJA, ESCRIBAS, PINTES, ILUSTRES, DIBUJES O EXPRESES LO PRIMERO QUE SIENTES AL ESCUCHAR ESTA PALABRA. ¿A QUÉ TE RECUERDA? ¿QUÉ VIENE A TI CUANDO LA PRONUNCIAS?

Nacemos con brillos destellantes que se ven en el momento del alumbramiento. Una luz resplandeciente con tonos arcoíris, iluminando tu forma pequeña y frágil, que siempre está en resonancia con su útero nutricio y amoroso. En ese espacio todo dador de vida y paz, en el que aún no se tiene conciencia, comienzas a habitar y reconocer tu cuerpo, preparándote para la vida con el amor que te envuelve, sonidos latentes y presiones sutiles que te alertan: "Estás a punto de nacer". Así reposas, confías y te entregas a la vida.

Llegado el nacimiento, muestras tu luz al mundo, valiente y listx para iluminar tu vida y la de los seres que te esperan, que te aman incondicionalmente sin aún conocerte. Te aman desde la gran energía de la perpetuidad en donde no hay tiempo ni espacio, sólo existe el amor, instante de vida, amor infinito en la eternidad.

Ayudadx por la luz, creces con sueños, anhelos y alegrías que traspasan los poros para manifestar emociones que te avivan y hacen evolucionar. Diferentes colores y matices que sorprenden con sus brillos intensos y en instantes se atenúan para así volver a brillar. Pasos en tierra firme que al caer, encuentran en esos mismos colores la fuerza para retomar su camino. Encuentro de una mano divina y amorosa que levanta, a veces la verás y otras sólo la sentirás y así retomarás tu sendero.

Colores de la Infancia, juegos, cantos, diversión, alegrías que avivan cada amanecer y ayudan al descanso en el anochecer. Infancia situada en etapas distintas, con matices cambiantes que al palpito del corazón, recuerda los espacios de creación y aprendizaje, listos para abrirse en comprensión de vida, en movimiento y disfrute total.

Colores de la Infancia, regalo de vida que deviene del amor puro, colores que permanecen en ti, para avivar tus dones y capacidades.

Colores de la Infancia, eternos espacios vacíos de posibilidad, que se tejen con la existencia entera para avivar la fuente divina.

Infancia.
Colores que brillan,
colores tenues,
colores de totalidad.

Despertar para vivir, recordar para trascender.

Luz que ilumina.
Luz que recuerda.
Luz que llama.

Infancia vívida en colores de vida.
Quietud de alma.
Expansión del corazón.

DEJA QUE TU NIÑX INTERIOR
TE ACOMPAÑE
EN TU PRESENTE.

CAP 54

REDISEÑAR

TE INVITO A QUE EN ESTA HOJA, ESCRIBAS, PINTES, ILUSTRES, DIBUJES O EXPRESES LO PRIMERO QUE SIENTES AL ESCUCHAR ESTA PALABRA. ¿A QUÉ TE RECUERDA? ¿QUÉ VIENE A TI CUANDO LA PRONUNCIAS?

RECIBE EL INSTANTE

Tomar lo que existe, soplarle armonía y cuidar lo que *es*, para tomar lo nuevo, esculpir experiencia, avivar situaciones y volver a empezar. *Rediseñar* es un momento que inicia con principios valientes, magnificando lo vivido, la claridad, la calma y la potencia de vida. Amplios y pequeños aprendizajes que orquestan músicas divinas e iluminan los tiempos.

Para *rediseñar*, abrázate cuando sientas miedo, temblores de ira, amores perdidos y expectativas que nunca llegaron. Abrázate para expresar el sentir de tu verdad y entonces liberarte. Toma en amor lo que llega, vive en amor lo que tienes, crea en amor lo que sigue, multiplica la expresión pura y natural de tu alma.

La realidad amorosa se expresa en lágrimas y alegrías; se expresa honrando el sentir genuino de tu existir. Nada es bueno o malo, todo es una expresión del proceso natural de transformación de tu existencia. Cada situación vivida está lista para ser transmitida en nuevas experiencias y seguir adelante, vibrando en energía amorosa, compartiendo y cuidando los eslabones nuevos para tejerlos en cadenas infinitas que te permiten materializar nuevas creaciones.

Todo lo que has experimentado hasta hoy te ha llenado de valentía.

Reconoce tu caminar sin juicio y sigue hacia la luz de tu ser.
Reinvéntate en tu propia luz para crear un mundo nuevo.
Renace en la armonía de cada experiencia.
Renace en cada día y en cada noche hasta la eternidad.
Rediseñar es seguir la luz que siempre ilumina un camino nuevo.

CAP 55

LOS SECRETOS DEL UNIVERSO

TE INVITO A QUE EN ESTA HOJA, ESCRIBAS, PINTES, ILUSTRES, DIBUJES O EXPRESES LO PRIMERO QUE SIENTES AL ESCUCHAR ESTA PALABRA. ¿A QUÉ TE RECUERDA? ¿QUÉ VIENE A TI CUANDO LA PRONUNCIAS?

RECIBE EL INSTANTE

Amplitud de espacio sin tiempo.
Lejano para habitarlo, cercano para percibirlo.

Universo de lo universal que pertenece a todxs.
El *universo* es unión, verdad y sabiduría desde donde se puede sentir, toda la energía plasmada en un cuerpo que con su vibración, reúne la totalidad entre el espíritu, la materia y la creación.

Universo es el espacio siempre disponible para habitar sin pensar, para contemplar y sentir en unidad.

El *universo* es el tejido entre las partículas en tu interior, destellando luz que se refracta en armonía y paz; las galaxias que en sus propios movimientos, acogen en amor y aceptación; los planetas que llevan su propia energía en vida, para expresar su belleza incondicional y recordarnos que en esencia no hay diferencia, cada ser es una partícula divina en constante transformación, un espacio listo para recibir en cada instante la luz de una nueva creación.

Ser *universo*, estar *universo*, devenir *universo*.
Es habitar la consciencia de unidad que reconoce
el movimiento único de todas las existencias.

Nada está aislado,
todo resuena y se hilvana en una sola vibración,
energía de amor que crea y contiene espacios vacíos
para transformar la oscuridad en luz palpitante,
lista para manifestar nuevas formas y modos de vida interior y exterior.

Yo soy *universo* de vida.
Universo que une caminos y acorta espacios.
Universo que se comunica en susurros de serenidad y sabiduría.
Universo, toque suave de energías que se reflejan
en cuerpos sensibles para transformar vidas.

No es necesario entender en el aquí y en el ahora,
sólo sentir y dejar que lo que tiene que ser, sea manifestado.

El *universo* es energía en sabiduría que evoluciona.

RESPIRA.
SOMOS *UNIVERSOS*
EN CONSTANTE
EVOLUCIÓN.

CAP 56

PLANETA TIERRA

TE INVITO A QUE EN ESTA HOJA, ESCRIBAS, PINTES, ILUSTRES, DIBUJES O EXPRESES LO PRIMERO QUE SIENTES AL ESCUCHAR ESTA PALABRA. ¿A QUÉ TE RECUERDA? ¿QUÉ VIENE A TI CUANDO LA PRONUNCIAS?

AMA QUIEN ERES,
AMA LO QUE TIENES,
AMA A DONDE PERTENECES.

Germinación de vida en todas las especies.
Creación para ser habitada en creación,
en humanidad amorosa, compasiva y misericordiosa.
Esfera que gira dando amor y cuidados incondicionales.
Océanos que expresan calma e ímpetu,
invitándonos a imitarlos y movernos en su profundidad.

En el *planeta tierra* hay vidas en evolución que al ser observadas,
nos invitan a sentirlas y seguir el movimiento natural
que cuida y multiplica la vida.

Vida vegetal que crece para organizar la belleza y la simpleza,
en paisajes maravillosos que nutren nuestro corazón
y nos invitan a que nuestra presencia sea también,
un paisaje que nutra nuestro derredor.

Vida animal que co-crea y se expande en la naturaleza que habita.
No hay preguntas ni dudas en su hacer,
sólo siguen su camino en inteligencia y confianza hacia su creación.

Sé la expresión viva de la naturaleza,
y toda la capacidad de evolución se manifestará frente a ti.
Busca ser y ver,
y las bondades de la creación se abrirán en tu corazón.

Eres visión en expansión,
en el *planeta tierra*.

CAP 57

SITUACIÓN HOSTIL

TE INVITO A QUE EN ESTA HOJA, ESCRIBAS, PINTES, ILUSTRES, DIBUJES O EXPRESES LO PRIMERO QUE SIENTES AL ESCUCHAR ESTA PALABRA. ¿A QUÉ TE RECUERDA? ¿QUÉ VIENE A TI CUANDO LA PRONUNCIAS?

RECIBE EL INSTANTE

Mapa de una *situación hostil*.
Resentimiento que no deja avanzar.
Pensamientos que no se responsabilizan de los sentimientos.
Guerra interna que lleva al sufrimiento culpando a otrxs.
Guerra interior que no permite recibir la bendición,
y benevolencia que en el corazón ya *es*.

Pensamientos que luchan en carencia, acaudalando sufrimientos.
Adversidad e irritabilidad aprensiva por las expectativas e ilusiones.
Sentimiento de ofensa ante situaciones que exigen cambios
y esfuerzos no planeados.
Miedo y resistencia ante situaciones que no nos gustan
y nos invitan a la apertura de corazón.
Una situación hostil hacia Dios o lo divino,
que hace responsable a esa energía de amor
por no haber completado lo esperado.

El amor es la chispa divina con la que fuimos creadxs a imagen y semejanza del origen. El amor es la comprensión de que cada experiencia, es un apoyo para dar un pequeño salto a tu interior, aceptando lo que es necesario para aprender sin imponer. Al pronunciar *Yo soy Dios* avivas en ti el amor eterno. *Yo soy Dios, divina presencia que hace visible la fuerza del amor inconmensurable.* Así con tu existencia enraizada al origen eterno, ante un gran reto, no claudicarás. Ante la duda, la fe esclarecerá la verdad. No te rindas a la ilusión, todo es perfecto desde el amor. Amor que está más allá de tu capacidad humana de comprensión. El amor es el lenguaje de la totalidad. Sólo ama lo que *es*, une tu alma a lo divino y déjate guiar. Todo es parte de un proceso evolutivo de sanación de linajes. Sólo ama, aunque no lo entiendas. Soy benevolencia, nada de lo que te pasa te lastimará.

Estoy en ti.
Yo te amo.
Yo soy Dios.

CAP 58

CONTROL

TE INVITO A QUE EN ESTA HOJA, ESCRIBAS, PINTES, ILUSTRES, DIBUJES O EXPRESES LO PRIMERO QUE SIENTES AL ESCUCHAR ESTA PALABRA. ¿A QUÉ TE RECUERDA? ¿QUÉ VIENE A TI CUANDO LA PRONUNCIAS?

RECIBE EL INSTANTE

Control: necesidad de mantener situaciones bajo expectativas creadas desde el ego. El *control* hace que te pierdas las experiencias presentes; limita la expresión de lo que sucede en el instante pues miras lo que *es* y *está siendo* desde el foco de tus interpretaciones.

Controlar crea una falsa seguridad, pues la situación se codifica de acuerdo a tu deber ser, distorsionando los hechos y creando un escenario ilusorio con justificaciones que te amurallan y alejan de lo que estás sintiendo. Esta perdida de la emoción presente genera ansiedad y resistencia, que a la larga, produce mecanismos reactivos donde te rehusas a sentir, racionalizando toda situación y pensando que si sueltas y dejas que la sensación presente te atraviese, enloquecerás.

Controlar es vivir en resistencia; lo cual te lleva a experimentar una profunda frustración, pues piensas que el momento jamás es suficiente y no cumple tus expectativas. Si te identificas con esta situación pregúntate: ¿Qué quieres vivir, la copia o lo verdadero?

Sólo ábrete y permite que el presente te atraviese, confía en tus emociones por más intensas que sean, éstas van a pasar, llenándote de aprendizajes necesarios para tu evolución. Cuando te sientas en *conflicto* es porque no estás en ti, estás temiendo y resistiéndote a decir tu verdad. El *control* te aleja del amor. Sin *control* vivirás el amor verdadero y la paz infinita.

Permite que cada instante sea lo que tiene que ser, permite que se exprese, siéntelo, ámalo y vívelo. Respeta y honra tu sentir y el de las otras personas; te guste o no, todo es una expresión de la verdad, todo surge y desaparece...

CAP 59

DEMOLICIÓN DE CREENCIAS

TE INVITO A QUE EN ESTA HOJA, ESCRIBAS, PINTES, ILUSTRES, DIBUJES O EXPRESES LO PRIMERO QUE SIENTES AL ESCUCHAR ESTA PALABRA. ¿A QUÉ TE RECUERDA? ¿QUÉ VIENE A TI CUANDO LA PRONUNCIAS?

RECIBE EL INSTANTE

Difumina los pensamientos que no te dejan renacer
a los caminos nuevos, abundantes en amor y luz divina.

Renace a un nuevo orden amoroso, fuera y dentro del tiempo,
que interconecta las dimensiones de totalidad.

Ábrete a los nuevos estados de consciencia
que muestran nuevas rutas y posibilidades.

Experimenta tu magnetismo positivo
para descubrir la senda y florecer de tu esencia humana.

Libera tus creencias limitantes, abre el corazón en empatía
a nuevas vibraciones que conectan con lo divino.

Permite la demolición de ideas y pensamientos que interponen
el crecimiento en amor y espiritualidad.

Integra la sabiudría de las historias o eventos que te separan
del amor, sensibilizándote para conectar con el alma.

Todas tus células están colaborando en los cambios de pensamiento que muestran nuevas formas de vida, traspasando las fronteras de lo conocido para abrir espacios de evolución. Cuando un pesamiento cambia, es porque el cuerpo que lo pensaba también ha cambiado, nada permanece, todo está en constante transformación. Al soltar las creencias, la energía que las sostiene se libera y se entrelaza con nuevas formas de sentir y de vivir.

DEMOLICIÓN DE CREENCIAS

Demoler creencias: propuesta de reflexión de situaciones que condicionan y manipulan el movimiento vital, para caminar hacia nuevas rutas, creciendo en amor y amplitud de pensamientos; atravesando miedos para viajar a nuevas dimensiones que nos permiten brotar ideas desde la intuición.

Salir de lo concreto y entrar a lo abstracto, siguiendo la coherencia de un alma pura que brota conocimientos insólitos para darle esencia a la materia. Cuando el ser está en resonancia con su principio creador, es coherente y habita nuevas formas de vida para manifestar evolución.

LA *DEMOLICIÓN DE CREENCIAS* ES LIBERTAD PARA AVANZAR.

CAP   60

SANAR

TE INVITO A QUE EN ESTA HOJA, ESCRIBAS, PINTES, ILUSTRES, DIBUJES O EXPRESES LO PRIMERO QUE SIENTES AL ESCUCHAR ESTA PALABRA. ¿A QUÉ TE RECUERDA? ¿QUÉ VIENE A TI CUANDO LA PRONUNCIAS?

RECIBE EL INSTANTE

Sanar: dulces caricias que se comparten desde el amor para liberar situaciones que se presentan en la vida. Toques que calman, almas que danzan, miedos en movimiento, angustias que se liberan, incertidumbres que no nos dejan sentir y reconstruir. No preguntes, no respondas, sólo siente vibraciones de amor rodeando tu ser y avivando tu espíritu.

Sanar: deja que la energía divina te recorra y regenere aquello que está listo para evolucionar. Todo dolor es parte de un proceso de transformación, permite que el dolor se exprese para que se suelten los amarres y renazca dentro de ti una nueva tierra.

Agradecimiento interno, sanación del alma.

Entrega las emociones a los ángeles y seres de luz que bajan con coros celestiales, para acompañarte en vibraciones de amor, cuidando tu ser y avivando tu espíritu para dar vida y liberar el dolor.

Sanación del alma,
sanación del cuerpo,
cree, manifiesta y todo se transformará.

Avanzar en amor es sanar el dolor y ver la luz en la oscuridad.

CAP 61

RE CUER DOS

VIVIDOS

TE INVITO A QUE EN ESTA HOJA, ESCRIBAS, PINTES, ILUSTRES, DIBUJES O EXPRESES LO PRIMERO QUE SIENTES AL ESCUCHAR ESTA PALABRA. ¿A QUÉ TE RECUERDA? ¿QUÉ VIENE A TI CUANDO LA PRONUNCIAS?

RECIBE EL INSTANTE

Los *recuerdos vividos*, son instantes impresos en el interior, que expresan emociones en forma de oleaje de energías, revelando lo más profundo del ser. Algunos recuerdos son huellas que como placas de mármol, se quedan implantadas y con dificultad se rompen; otros se albergan en formas sutiles que nos ayudan a evocar la vida, resonando en amor y manifestando belleza. Otros recuerdos nos hacen vibrar, cuando el dolor se ha convertido en un fuego transmutador que revela aprendizajes y nos ayuda a trascender.

Los *recuerdos vividos* también son patrones que se repiten, cuerdas que atan, que detienen y cuando no los observamos y desanudamos, se vuelven grandes condicionamientos que limitan el avance.

Observa tus recuerdos, tus pensamientos,
¿eso es lo que quieres nutrir y manifestar?
Desata, suelta y deja de alimentar lo que te limita.

Sigue adelante.
Que tus pasos avancen y la mente no te detenga.
Tu intuición siempre está en resonancia con nuevos senderos.
Sigue ahí donde tu corazón llama.

Los *recuerdos vividos* déjalos en el pasado,
perdónate, regálate un lienzo en blanco,
para que florezcan experiencias nuevas.

CAP 62

LUNA Y SOL

TE INVITO A QUE EN ESTA HOJA, ESCRIBAS, PINTES, ILUSTRES, DIBUJES O EXPRESES LO PRIMERO QUE SIENTES AL ESCUCHAR ESTA PALABRA. ¿A QUÉ TE RECUERDA? ¿QUÉ VIENE A TI CUANDO LA PRONUNCIAS?

RECIBE EL INSTANTE

Luna y sol. Espacio de tiempo manifiesto en dos extremos que al girar, forman el día y la noche, la luz y la sombra. El espacio entre la luna y el sol, les permite reconocerse como simpleza y admiración. Estos astros no luchan, son complementarios. Son astros que habitan el universo y nos muestran quiénes y cómo somos. Gracias a su presencia y distancia, reconocemos los procesos cíclicos. Si observamos con detenimiento, nos veremos cálidxs como el sol y brillantes como la luna, cualidades necesarias para encontrar la pureza del ser. Reflejos de la humanidad que con su grandeza, representan el cuidado y la belleza del proceso.

Sol: calor infinito, templanza, calidez, brillos de colores que atraviesan la infinitud del cuerpo hasta tocar el alma y recordarle su divinidad.

Luna: círculo perfecto que atenúa su forma cada día, para recordar que en vida siempre nos contraemos para aprender, y nuevamente entrar en un brillo expansivo capaz de alumbrar la oscuridad de las noches.

Son astros en armonía que cuando se encuentran manifestados en eclipse, nos abren capacidades de entendimiento intuitivo. El brillo cambia, se mueve, danza y también se esconde dándole espacio a la noche para mostrar su profundidad.

Ser sol y *ser luna* es expresar la manifestación divina en armonía con la oportunidad que nos da cada instante: ser la mejor versión en la luz y la oscuridad. Sin importar si en ocasiones las lluvias, nubes o malos tiempos se interpongan, el brillo y belleza siempre están ahí. Lo divino siempre resplandece de manera visible o invisible, sólo hay que saberlo observar.

Respira, siente y observa.
Dios está en ti.
En tu sol y en tu luna.

CAP 63

SABIDURÍA DE LA TRISTEZA

TE INVITO A QUE EN ESTA HOJA, ESCRIBAS, PINTES, ILUSTRES, DIBUJES O EXPRESES LO PRIMERO QUE SIENTES AL ESCUCHAR ESTA PALABRA. ¿A QUÉ TE RECUERDA? ¿QUÉ VIENE A TI CUANDO LA PRONUNCIAS?

TU ALMA YA SABE EL CAMINO.
CONFÍA.

Tristeza: emoción del alma que a manera de nubosidad y dolor menguante, expresa la necesidad de amar y de amor. La *tristeza* sostiene, cuida, nos permite sentir algo que pasó desapercibido, nos guía hacia la fortaleza, a la amabilidad y quietud.

Avanzar en caminos difíciles, evocando amor.
Alma que no puede expresarse, espacios vacíos,
lágrimas vivas, necesidad de tocar y de ser cuidado
en existencia infinita de amor.
Terremoto que se expande, necesidad de escucha,
sentimiento de soledad.

Recuerda que tú eres amor infinito, no hay necesidad de ser más allá de lo que ya eres, abrázate, reúnete con el amor que vive, crea y sana.

La tristeza es sólo una emoción para recordar quién eres.
Paso a paso, confía que la luz llegará.
Si miras bien, siempre se están abriendo nuevas puertas.

CAP 64

RECIBE EL INSTANTE

TÚ Y YO /

ALMA Y CUERPO

TE INVITO A QUE EN ESTA HOJA, ESCRIBAS, PINTES, ILUSTRES, DIBUJES O EXPRESES LO PRIMERO QUE SIENTES AL ESCUCHAR ESTA PALABRA. ¿A QUÉ TE RECUERDA? ¿QUÉ VIENE A TI CUANDO LA PRONUNCIAS?

RECIBE EL INSTANTE

Somos viajeros en movimiento,
cada vez que respiramos regresaremos a casa.
Estamos aquí para descubrirnos y profundizar,
para saber quiénes somos, a dónde y para qué estamos aquí y allá.
Ya que todo está sostenido por la misma fuerza,
energía y resonancia, nos reconocemos desde el amor,
es ahí en donde nos encontramos en lo sagrado,
descubriendo nuestra propia integridad.

Aquí, reconocemos a los planetas, mares,
ríos, animales, naturaleza en presencia sagrada,
ya que en ello también habita la presencia divina del amor.

La presencia divina es inmanente a todxs y a todo,
es ahí en donde habita la conciencia comunitaria entre el tú y el yo...
en solidaridad, sabiendo que somos uno,
que somos unidad en fraternidad
trabajando para la paz en el amor divino.
La solidaridad nace del corazón que ama a todo y a todxs,
en el aquí y en el allá.

Tú y yo, somos uno en alma y materia,
a nuestro alrededor existen más tus y yos
que nos acompañan y forman parte de lo que somos.
Todxs estamos unidos en presencia,
para la evolución de la conciencia infinita.

Allá, está nuestro existir sin lugar,
alejado que escucha y espera nuestro regreso.

En el Yo tienes una bondad natural,
hecha en forma de diamante al que deberás pulir en cada instante
y desde ahí podrás trazar un puente hacia el Tú.

En el Yo tienes un corazón,
es ahí desde donde se trazan los caminos que te comunican con el Tú.

Sólo eleva la mirada y di: "Aquí estoy presente",
para así reconocer y encontrar lo divino.

Somos una unidad viva.
Partes de una multiplicidad danzante.
Nos correspondemos.
Lo que yo hago tiene resonancia en ti.
Lo que tú haces tiene resonancia en mí.

Si me amo, te amo.
Si te amas, me amas.

Todo lo que hago por mí, lo hago por todxs.
Esa es la resonancia mórfica.
Tú y Yo, somos una unidad de amor.

TÚ Y YO / ALMA Y CUERPO

CAP 65

ADVER SIDAD

=

OPOR TUNI DAD

TE INVITO A QUE EN ESTA HOJA, ESCRIBAS, PINTES, ILUSTRES, DIBUJES O EXPRESES LO PRIMERO QUE SIENTES AL ESCUCHAR ESTA PALABRA. ¿A QUÉ TE RECUERDA? ¿QUÉ VIENE A TI CUANDO LA PRONUNCIAS?

RECIBE EL INSTANTE

La adversidad es la sal de la vida,
y se puede convertir en la luz que te hace ver las oportunidades.
La semilla que suelta la adversidad,
debe caer en tierra fértil no en terreno estéril.
Tú eres el terreno sobre el que cae la semilla,
¿cómo está tu tierra?

La oportunidad que nos da la adversidad,
es mostrar las cosas por contraste.
¿Cómo se ve la vida desde el otro lado?
¿Qué es preciso pulir, sanar, soltar?

La vida se hace presente a su manera,
se te da y tú eres el protagonista que se enfrenta a eso insospechado.
¿Cómo te colocas ante el surgimiento de lo inesperado?
¿Lo abrazas, lo aceptas, lo rechazas, juzgas, agradeces?

Cada adversidad nos muestra la raíz de lo que no hemos integrado y nuestro compromiso con la coherencia. Todo acontecimiento exterior, es un reflejo de nuestro mundo interior. Si ves guerra, pregúntate, ¿qué de ti está en conflicto? La vida sólo te observa y te refleja aquello que es preciso abordar. No importa cuanto tardes en lograr tus sueños o en vencer los retos, lo que importa es disfrutar, apreciar y aprender en el camino.

La gratitud y la fe son los pilares de la fortaleza.
La vida va mucho más allá de lo que somos, de lo que planeamos.
Va hacia lo que podemos compartir y sólo se ve con los ojos del corazón.

En el cruce del camino de la vida se encuentran los pensamientos, los miedos, las angustias que detienen y cuando les preguntas: ¿qué tienen que enseñarme? Revelan su sabiduría y se convierten en materia prima para alcanzar tus objetivos.

Que la tormenta no te haga caer, que no te detenga, recuerda que las tormentas sólo toman la superficie, no dejes que lleguen hasta el corazón, que sea la gracia de la transformación lo que te dé valor para enfrentar los retos de la vida.

Recuerda, nunca estarás a la deriva porque la semilla de la vida está latente en ti y en todo. Conecta con eso, con la enseñanza de cada situación. Los límites los genera la mente, la voluntad del alma es ilimitada. Para sobrevivir a las adversidades hay que apostar por la vida, aunque a veces sientas que ésta te atropella sin avisar.

Siempre busca lo que le dé sentido a la vida, busca en el interior sin aflojar, confía y sigue, ve hacia lo más alto, rasgando la capa delgada en donde el instinto supera a los pensamientos y las adversidades, y la intuición te muestra cómo reconectarte con la vida.

En situaciones difíciles,
el pánico mata y el miedo salva,
el pánico detiene, el miedo empuja.

Recuerda que independientemente de lo que pase,
a la mañana siguiente,
siempre saldrá el sol.

Estamos hechos para sobrevivir cualquier adversidad.
Valora la vida.
La vida es el mejor regalo que hoy tenemos.

Creer que puedes, es creer en ti.

TÚ ERES QUIEN DIRIGE TU VIDA.
TODO TIENE UN PRINCIPIO,
UN MEDIO Y UN FINAL,
EN MEDIO DE TODO,
ESTÁ LA LUZ.

CAP 66

LX

ADVERSARIX

TE INVITO A QUE EN ESTA HOJA, ESCRIBAS, PINTES, ILUSTRES, DIBUJES O EXPRESES LO PRIMERO QUE SIENTES AL ESCUCHAR ESTA PALABRA. ¿A QUÉ TE RECUERDA? ¿QUÉ VIENE A TI CUANDO LA PRONUNCIAS?

RECIBE EL INSTANTE

Cuando delante de ti, veas a tu *adversarix*,
esa persona que te contradice, que te confronta, que te hace sulfurar,
recíbele, de la misma manera que recibirías a unx amigx.
Pues unx *adversarix* es espejo de lo que llevas dentro,
de lo que no ves o no quieres ver en ti.

Lx *adversarix* trae en sí el mapa de tus juicios,
de tus condicionamientos, el mapa de tus reacciones.
¿Por qué me molesta tanto tu presencia?
Siente, observa las narrativas que brotan, tus justificaciones, tus juicios.
Cuando haces a otra persona tu enemiga,
es porque trasladas aquello de ti que no te gusta y lo colocas en frente.

Unx *adversarix* nos trae pruebas, llega sin avisar, en un sobresalto alebresta la ira para que expreses tu verdad del fondo, aquello que contienes, que no quieres expresar por miedo a vulnerarte. Lx *adversarix* te saca de tu zona de confort para que observes si el lugar desde el que vives es verdadero, para ver si realmente estás habitando tu centro translúcido, donde todo es un espacio de revelaciones. Lx *adversarix* te muestra aquello con lo que todavía no estás en paz. Observa, respira, ve más allá de tus reacciones, ¿qué sientes?

Lx *adversarix* te exalta, te descoloca, te maltrata para que observes cómo y en dónde te sigues juzgando y maltratando a ti. Lx *adversarix* entra sin preguntar, es invasivx, energía que revela cómo es tu mente reactiva, cómo invades y te invades con pensamientos negativos. Recuerda, lx *adversarix* es un espejo, permítete ver tu oscuridad para que puedas sanar y rediseñar tus patrones.

Cuando lx *adversarix* llega, te invita a transitar los lugares insospechados en los que la bruma te ciega, en donde te mientes a ti, en donde te atoras, te doblegas, en donde pierdes la fe, olvidando quién eres, de dónde vienes y a qué has venido. Lx *adversarix* descoloca para que te puedas colocar en donde te corresponde, en tu lugar de alma.

Lx *adversarix* también es sabix, se postra ante ti para que sientas tu fuerza, tu poder, y desde ahí expreses tu verdad, tu propia sabiduría desde la vulnerabilidad; reconociéndote como un ser en constante evolución. Un ser que para avanzar necesita soltar el control y entrar en resonancia con su propia necesidad.

Observa tus miedos, la culpa señala que aún no te has podido reconocer y perdonar, esto no te debilita, esto te da claridad y te ayuda a reconocerte como un ser completo, un ser de luz.

Recuerda cuando Jesús se enoja en el templo, se agita, golpeando y tirando todo, ¿cuál es la sabiduría de su actitud? El Padre Divino sólo deseaba que las personas se respetarán las unas a las otras, que se amarán y cuidarán y él, mediante esa estruendosa actitud, llamó la atención para que voltearán a verse a sí mismxs, para que observaran cómo estaban abusando de sus hermanxs, cobrándoles excesivas cuotas por lo que vendían, imponiéndoles castigos para que se sintieran a salvo. Con esa actitud no estaban actuando en unidad, se habían olvidado de la sabiduría del amor supremo; con los cobros exagerados y el uso del templo como espacio de abuso, se les había olvidado quiénes eran y de dónde venían.

Cuando tu *adversidad* te habite, y te posea el miedo, y pierdas el juicio, podrás discernir si la verdad está en señalar a la otra persona o en responsabilizarte de lo que a ti te toca para sanar.
La *adversidad* te permite aprender en contraste; es lo que te lleva a sentir tu vulnerabilidad y te libera del control. Abraza la adversidad para que veas tu luz y vuelvas a habitarte en amor infinito, sólo así la razón te dejará en libertad para que sea tu alma la que comande tu ser en unión con el todo.

Toma lo que eres, valora lo que se te ha dado, vive con lo que tienes, y así encontrarás la unión con tu alma y la de tus hermanxs. La vida te habita y utiliza todas sus herramientas, incluso la *adversidad*, para que no la olvides, para que despiertes de tus laberintos y enredos, y vuelvas a la luz.

La *adversidad* es un camino de regreso al amor.

Si vives_____eres.
Si eres_____ amas.

Observa la *adversidad* y obsérvate ahí.
Así podrás transformarte y regresar al amor.

CAP 67

LXS QUE SE VAN

TE INVITO A QUE EN ESTA HOJA, ESCRIBAS, PINTES, ILUSTRES, DIBUJES O EXPRESES LO PRIMERO QUE SIENTES AL ESCUCHAR ESTA PALABRA. ¿A QUÉ TE RECUERDA? ¿QUÉ VIENE A TI CUANDO LA PRONUNCIAS?

RECIBE EL INSTANTE

Lxs que se van, se llevan con sí sueños, juegos, bailes y canciones. Se van dejando un espacio de recuerdos, que se vacía a través de nuestras lágrimas. Se llevan las experiencias pasadas, dejando espacio libre para el futuro. Se van para evolucionar, para habitar nuevas tierras, para alcanzar las estrellas y junto a ellas iluminar nuevas rutas; traspasando galaxias, tocando las dimensiones de lo conocido y desconocido para desde ahí, entrar en los corazones y avivarlos de alegrías con señales sutiles que nos permiten seguir caminando.

Esperan y preparan el todo llenos de gozo y emoción, en espacios de luz y amor para el día de nuestra llegada. *Lxs que se van* sostienen el sin tiempo. Y sólo cerrando los ojos nos reunimos con ellxs celebrando el júbilo de un sentir vivo y atemporal.

Lxs que se van manifiestan que están en ese vacío como pura energía sin forma, que nos invita a sentir y experimentar la gracia de un proceso en constante transformación.

Lxs que se van devienen existencia eterna.
En ti, en todo, en tu interior.

CAP 68

SABIDURÍA DE LA MUERTE

TE INVITO A QUE EN ESTA HOJA, ESCRIBAS, PINTES, ILUSTRES, DIBUJES O EXPRESES LO PRIMERO QUE SIENTES AL ESCUCHAR ESTA PALABRA. ¿A QUÉ TE RECUERDA? ¿QUÉ VIENE A TI CUANDO LA PRONUNCIAS?

RECIBE EL INSTANTE

Miedo que atormenta, que quiebra con tan sólo pensar,
que la vida terrenal puede terminar.
"Mejor no siento, mejor no pienso,
mejor no me ocupo de lo que ya está dado desde el inicio".
Huida que aflige y no permite sentir las experiencias profundas en vida.
Apego o inclinación, espejos que reflejan miedos ocultos,
simples de entender, complicados de habitar.
Sabia la muerte, llega sin aviso aparente,
deja oportunidad para cocrear y sembrar.

Muerte o vida, sólo nombres que expresan cambios de tiempo y espacios,
al final son similares y siempre muestran una energía divina que extrae
semillas de los frutos que caen para nuevos brotes en amor y sabiduría.

Muerte en vida, vida en muerte, la muerte abre espacio para brotar
todos los dolores, no sólo el duelo. Entrega todo tu dolor y verás a dios
en el fondo.

No temas, la muerte es un tránsito, un momento que disuelve lo que ya
no es vigente, lo que ya cumplió su ciclo. La muerte es parte del proceso
de regeneración. Tus células mueren y renacen todos los días. Deja que
la muerte te regenere, la muerte es sabia, limpia, pule, curte, libera.

Vida – Muerte
Estadios diferentes,
energías cambiantes.
Amor y Divinidad
Muerte <=> Eternidad.

CAP 69

EL PERDÓN

TE INVITO A QUE EN ESTA HOJA, ESCRIBAS, PINTES, ILUSTRES, DIBUJES O EXPRESES LO PRIMERO QUE SIENTES AL ESCUCHAR ESTA PALABRA. ¿A QUÉ TE RECUERDA? ¿QUÉ VIENE A TI CUANDO LA PRONUNCIAS?

RECIBE EL INSTANTE

Perdonar es un acto de profunda dádiva. La palabra *perdón* viene del latín *perdonare* que significa "regalar algo por completo". En el *perdón*, nos regalamos la gracia de liberarnos de toda deuda y castigo, reconociendo que ya cumplimos nuestra parte, pues nos hemos hecho responsables de lo que nos corresponde.

El *perdón* nos permite experimentar la compasión: darnos cuenta que hay personas que no están listas para vivir en paz, pues todavía tienen una conversación pendiente con sus miedos y no se han reconocido como lo que son: seres de luz. ¿Tú te reconoces por lo que eres, una manifestación luminosa y divina?

La compasión es comprender la parte del proceso en la que cada quien está. Es la capacidad de cambiar la mirada del ego, a la mirada de alma a alma; donde nos reconocemos iguales: seres en constante transformación. A través de la compasión, comprendemos que nadie nos hace las cosas, todo es causa y efecto de lo que hemos hecho en esta u otras vidas. En este sentido, el *perdón* te da la oportunidad de avanzar en tu crecimiento. Todos estamos teniendo una experiencia humana, haciéndonos responsables de lo que hicimos para seguir transformándonos en amor.

Vivir en amor no es un compromiso, es una realización. Y si vives en ese regalo infinito, siempre podrás tomar de ahí para entender la sabiduría y perfección del momento que estás transitando. Si eres capaz de ver un error en lx otrx, es porque todavía no lo has sanado en ti, pregúntate: ¿Qué de esto todavía me hace ruido porque sigue vigente en mí? El *perdón* es una oportunidad para sincronizarnos nuevamente con el regalo del amor. El amor es una vibración que nos reúne y siempre nos sostiene. El *perdón*, es una herramienta mágica que nos fue otorgada para regalar y regalarnos un lienzo en blanco, y volver a empezar.

CAP 70

RENACER

TE INVITO A QUE EN ESTA HOJA, ESCRIBAS, PINTES, ILUSTRES, DIBUJES O EXPRESES LO PRIMERO QUE SIENTES AL ESCUCHAR ESTA PALABRA. ¿A QUÉ TE RECUERDA? ¿QUÉ VIENE A TI CUANDO LA PRONUNCIAS?

RECIBE EL INSTANTE

Renacer,
abrazo divino,
conciencia de amor,
intercambio de sentimientos y energías,
oscuridad que se desvanece,
luz que cubre y rodea,
intuición de experiencias que recorren el ser,
intención de estar,
acciones de amor.

Energía que fluye hasta el corazón en forma de espiral,
electricidad que recorre el alma,
mensajeros de amor hacia el cuerpo y del cuerpo hacia el amor.

Conciencia que se desprende,
realidad en sueños,
camino que avanza,
corazón para entregar,
regreso al cuerpo.

Renacer, átomos de energía que cubren
en forma de presencias divinas,
amor en movimiento,
espacio de meditación para amar al todo,
momento para amar lo divino,
donde no hay separación.

Renacer, reconocimiento de cómo amamos,
resultado de cómo nos habitamos y cómo entendemos.
Pensamientos, resultados de lo que creemos.
Milagros, resultado de lo que pensamos.

Renacer,
milagro,
entendimiento de la realidad,
que como alas de mariposa,
impactan en vida.

Sonrisa firma del amor de Dios.
Renacimiento,
paz y amor en el corazón.

RENACER
PARA HACER DEL MUNDO,
UN ESPACIO DE UNIDAD.

CAP   71

GRACIAS

TE INVITO A QUE EN ESTA HOJA, ESCRIBAS, PINTES, ILUSTRES, DIBUJES O EXPRESES LO PRIMERO QUE SIENTES AL ESCUCHAR ESTA PALABRA. ¿A QUÉ TE RECUERDA? ¿QUÉ VIENE A TI CUANDO LA PRONUNCIAS?

¡GRACIAS!
¡GRACIAS!
¡GRACIAS!

Palabra simple que expresa el origen.
Palabra que ordena.
Palabra que sana.
Recuérdala siempre, repítela, escúchala en todo.

¡Gracias!

¡Haz que resuene como un cuenco vibrante!
¡Que se escuche en la lluvia, en el viento, en el fuego!

Grítala para que todos los seres escuchen la gracia.
Para que tu alma la sienta.

RECIBE EL INSTANTE

EPÍLOGO

MI PLUMA

RECIBE EL INSTANTE

Querida pluma,

Te escribo porque hoy me encuentro con tu maravillosa existencia, hoy vienes a mi encuentro después de una larga búsqueda, haciendo sólo unas notas pequeñas y sin saber el gran poder de tu existencia. Te acercas a mí de la manera más inesperada, quería conocerte, sabía de ti, pero no de tu poder. Descubro el gran poder que eres en mi vida, ayudando y dando nota a la expresión de mis pensamientos, encontrando que al aliarnos desde lo más hermoso de lo que somos y representamos, me acompañas en la potente expresión de mi existencia.

Querida *pluma*, en tu trayecto haces que mi alma exprese y comprenda, que al deslizarte, tomada de mi mano, muestras energías vivas que se unen y así conectada con mi ser, existo y puedo dejar plasmada mi experiencia. Cuando te tomo, escucho al oído una sinfonía de letras que se convierten en un coro de sonidos que, con su energía, ayudan a plasmar lo que mi alma quiere y necesita decir y compartir. Al deslizarte en el papel, tu tinta de color se adhiere y me conectas con partes de mi interior que no había podido ver. Te tomo y me permito escribir toda una vida. Te tomo y mi ser expande su esencia en letras y palabras, abriendo emociones que viven dentro de mí.

Querida *pluma* junto a ti siento mi vida pasar, has plasmado en mi existencia una experiencia que camina por mis venas, al tenerte en mi mano siento el latir de mi alma. Preguntas, respuestas, incertidumbres, alegrías que nunca se acaban. No sé cómo, sólo sé que me has impulsado a transmitir los momentos que me avivan y me mantienen despierta.

Querida *pluma* le das color y forma a la expresión de mis escritos. La escritura no tiene razones, sólo habla. Y yo sólo te tomo y escucho: "calma, confía, aquiétate. Descansa en la escritura". Eres canto que desliza, palabra que se plasma, libera, ubica y armoniza. Eres expresión deslizante de formas que transparentan lo que soy, lo que *Yo Soy*.

Gracias *pluma* por estar en mí,
y permitirme avanzar en esta necesidad de mi ser.
Gracias por siempre estar cerca para que nada se quede sin decir.
Gracias por ayudar a que mi alma se exprese.
Gracias por ser mi aliada y amiga en todo momento.
Gracias por darme fuerza para escribir, lo que mi alma quiere expresar.

CON AMOR,
RECIBO EL INSTANTE.

Claudia.

N O TA   2

Ahora que has Recibido el Instante y has hecho este libro tuyo, te invitamos, si te resuena, a que tomes tus notas, dibujos, reflexiones y nos escribas para materializarlas en un proyecto. Podríamos publicar un libro, una novela gráfica, un diario de viaje, un breviario... utilizarlas como mapa para trazar la ruta de tu proceso creador y darle dirección; o simplemente compatirle tus notas a la autora.

La editorial de PALABRA MOVIMIENTO es un acontecer en la revelación; es una fuerza viva que despierta y afuega al ser, recordándole la potencia de plantarse en el presente, vivir el paraíso en la tierra y multiplicar en abundancia lo que a su corazón llama. MANDA TUS TEXTOS A:

hola@palabramovimiento.com

RECIBE

EL

INSTANTE

ÍNDICE

PRÓLOGO	ME DOY PERMISO DE VIVIR EL INSTANTE Y RECIBIR SU SABIDURÍA	P. 11
	CARTA DE LA EDITORA	P. 17
CAP 1	YO SOY EL ORIGEN	P. 25
CAP 2	ELLA	P. 31
CAP 3	GUARDIÁN DE LA INFANCIA	P. 39
CAP 4	GESTACIÓN	P. 45
CAP 5	UN NACIMIENTO	P. 51
CAP 6	SABIDURÍA DEL LLANTO	P. 59
CAP 7	SABIDURÍA DE LA ASFIXIA	P. 65
CAP 8	RESPIRA	P. 69
CAP 9	MADRE VALIENTE	P. 73
CAP 10	SABIDURÍA DEL ENOJO	P. 77
CAP 11	CONTEMPLACIÓN	P. 81
CAP 12	¿QUÉ ES EL TODO?	P. 85
CAP 13	AMOR	P. 89
CAP 14	EXPERIMENTAR LAS FORMAS	P. 95

CAP 15	CARICIAS DEL ALMA	P. 101
CAP 16	EL EGO	P. 105
CAP 17	DIFICULTAD	P. 111
CAP 18	FLEXIBILIDAD	P. 115
CAP 19	SABIDURÍA DE LA GUERRERA	P. 119
CAP 20	QUIETUD	P. 123
CAP 21	CAMINO	P. 127
CAP 22	TU TEMPLO	P. 131
CAP 23	ESPACIO VACÍO	P. 135
CAP 24	SOLTAR LAS EXIGENCIAS	P. 141
CAP 25	SABIDURÍA DEL SUFRIMIENTO	P. 147
CAP 26	HOGAR	P. 151
CAP 27	LISTONES DORADOS	P. 155
CAP 28	SONRISA	P. 159
CAP 29	TU UNIVERSO	P. 163
CAP 30	REDES LUMINOSAS	P. 167
CAP 31	SOMOS	P. 173
CAP 32	MANOS QUE TOCAN	P. 179
CAP 33	DESCANSO	P. 183
CAP 34	¿QUÉ QUIERES PARA TI?	P. 187
CAP 35	YO PUEDO	P. 191
CAP 36	ÁNIMO	P. 197
CAP 37	VIVENCIA	P. 201
CAP 38	LAS ALAS DE UN ÁNGEL	P. 205
CAP 39	MIRADA INFINITA	P. 209

CAP 40	PEQUEÑAS PREGUNTAS	P. 213
CAP 41	CLARIDAD	P. 217
CAP 42	TORMENTAS OSCURAS	P. 221
CAP 43	RECHAZO__ ACEPTACIÓN	P. 225
CAP 44	SOBRES CERRADOS	P. 231
CAP 45	RECONÓCETE, SER DIVINO	P. 237
CAP 46	ESFERAS DANZANTES	P. 243
CAP 47	OJOS CERRADOS	P. 249
CAP 48	¿QUÉ DIGO CUANDO HABLO?	P. 253
CAP 49	ALÉRTATE	P. 259
CAP 50	¿QUÉ HAY MÁS ALLÁ?	P. 263
CAP 51	LUGARES DE ENSUEÑO	P. 267
CAP 52	¿QUÉ ME DICE LA VIDA?	P. 271
CAP 53	COLORES DE LA INFANCIA	P. 275
CAP 54	REDISEÑAR	P. 281
CAP 55	LOS SECRETOS DEL UNIVERSO	P. 285
CAP 56	PLANETA TIERRA	P. 291
CAP 57	SITUACIÓN HOSTIL	P. 295
CAP 58	CONTROL	P. 299
CAP 59	DEMOLICIÓN DE CREENCIAS	P. 303
CAP 60	SANAR	P. 309
CAP 61	RECUERDOS VIVIDOS	P. 313
CAP 62	LUNA Y SOL	P. 317
CAP 63	SABIDURÍA DE LA TRISTEZA	P. 321
CAP 64	TÚ Y YO / ALMA Y CUERPO	P. 325

CAP 65	ADVERSIDAD = OPORTUNIDAD	P. 331
CAP 66	LX ADVERSARIX	P. 337
CAP 67	LXS QUE SE VAN	P. 343
CAP 68	SABIDURÍA DE LA MUERTE	P. 347
CAP 69	EL PERDÓN	P. 351
CAP 70	RENACER	P. 355
CAP 71	GRACIAS	P. 361
EPÍLOGO	MI PLUMA	P. 367

EDITORIAL	PALABRA MOVIMIENTO
AUTORA	CLAUDIA CANTÚ
COLECCIÓN	CREACIÓN CONTINUA
VOLUMEN IX	RECIBE EL INSTANTE
EDICIÓN	PRIMERA
LUGAR	CDMX
AÑO	2022
FOTOS	PORTADA / ERA ANTILÓ
	CUNA DE MOISÉS / A V
	DIENTES DE LEÓN / PIXABAY
	SUCULENTA / MITCHELL LUO
DISEÑO	SODIO + PALABRA MOVIMIENTO
WEB	WWW.PALABRAMOVIMIENTO.COM

ISBN 9798846533981

Esta obra está protegida por la licencia internacional **Creative Commons Reconocimiento-NoComercial-SinObraDerivada 4.0**. Para ver una copia de la licencia visita: http://creativecommons.org/licenses/by-nc-nd/4.0/

Eres libre de citar el contenido siempre y cuando sea para uso personal y/o académico (no comercial), haciendo mención de la autora: CLAUDIA CANTÚ, título completo: RECIBE EL INSTANTE y la editorial PALABRA MOVIMIENTO, incluyendo www.palabramovimiento.com

Para más información de como citar escríbenos, con gusto resolvemos tus preguntas: **hola@palabramovimiento.com**

PA LA BR   A
M OV I MI E NT O